essentials

Essentials liefern aktuelles Wissen in konzentrierter Form. Die Essenz dessen, worauf es als „State-of-the-Art" in der gegenwärtigen Fachdiskussion oder in der Praxis ankommt. Essentials informieren schnell, unkompliziert und verständlich

- als Einführung in ein aktuelles Thema aus Ihrem Fachgebiet
- als Einstieg in ein für Sie noch unbekanntes Themenfeld
- als Einblick, um zum Thema mitreden zu können.

Die Bücher in elektronischer und gedruckter Form bringen das Expertenwissen von Springer-Fachautoren kompakt zur Darstellung. Sie sind besonders für die Nutzung als eBook auf Tablet-PCs, eBook-Readern und Smartphones geeignet.

Essentials: Wissensbausteine aus Wirtschaft und Gesellschaft, Medizin, Psychologie und Gesundheitsberufen, Technik und Naturwissenschaften. Von renommierten Autoren der Verlagsmarken Springer Gabler, Springer VS, Springer Medizin, Springer Spektrum, Springer Vieweg und Springer Psychologie.

Ralf T. Kreutzer

Corporate Reputation Management in den sozialen Medien

Grundprinzipien zur erfolgreichen Einbindung von Social Media

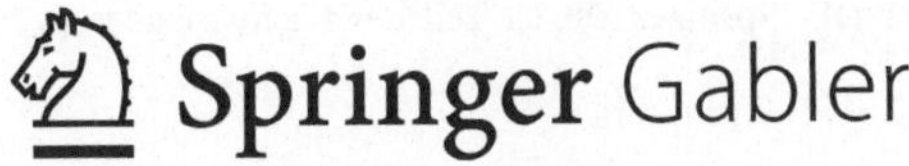

Prof. Dr. Ralf T. Kreutzer
Berlin, Deutschland

ISSN 2197-6708
ISBN 978-3-658-06884-4
DOI 10.1007/978-3-658-06885-1
ISSN 2197-6716 (electronic)
ISBN 978-3-658-06885-1 (eBook)

Die Deutsche Nationalbibliothek verzeichnet diese Publikation in der Deutschen Nationalbibliografie; detaillierte bibliografische Daten sind im Internet über http://dnb.d-nb.de abrufbar.

Springer Gabler

Gedruckt auf säurefreiem und chlorfrei gebleichtem Papier

Springer Gabler ist eine Marke von Springer DE. Springer DE ist Teil der Fachverlagsgruppe Springer Science+Business Media
www.springer-gabler.de

Was Sie in diesem Essential finden können

- Die Erklärung des Zusammenhangs von Corporate Reputation Management und den sozialen Medien sowie die Bedeutung der vierten Kommunikationsstufe „Many-to-many“ für die Corporate Reputation.
- Die Darstellung der Kernelemente des Web 2.0 als Basis für die Interaktion zwischen Internetnutzern über die sozialen Medien.
- Die Erläuterung von Social-Media-Marketing als Vorgehenskonzept, das sich der Beteiligung der Nutzer in den sozialen Medien zur Erreichung von Marketing-Zielen bedient.
- Die Grundprinzipien zur erfolgreichen Einbindung von sozialen Medien in das Corporate Reputation Management zur Erreichung von Glaubwürdigkeit von Unternehmen, Marken und Angeboten.
- Einen Einblick in die Praxis, inwiefern Unternehmen die Herausforderung der sozialen Medien in den letzten Jahren aufgenommen haben.

Vorwort

Dieser Beitrag stammt aus dem Werk „Corporate Reputation Management", herausgegeben von Cornelia Wüst und Prof. Ralf T. Kreutzer (2012), das sich mit dem Reputation Management als Denkhaltung und der Notwendigkeit zum Dialog mit internen und externen Stakeholdern befasst. Ausgewiesene Experten zeigen, dass ein ganzheitlich im Unternehmen verankertes Reputation Management Vertrauen aufbaut und Reputation langfristig unverzichtbar ist für die Wertschöpfung einer Organisation. Das Werk richtet sich an Unternehmer, Vorstände und Führungskräfte, HR- und Kommunikationsverantwortliche sowie Berater.

Der folgende Beitrag befasst sich im Speziellen mit der notwendigen umfassenden Einbindung der sozialen Medien beim Aufbau und Management der Corporate Reputation.

Einleitung

Im ersten Kapitel wird erläutert, was unter Corporate Reputation Management verstanden wird und wie es mit den sozialen Medien zusammenhängt. Darauffolgend werden die Grundprinzipien der Einbindung von sozialen Medien sowie Ziele und die konkrete Vorgehensweise bei der Integrierung in das Corporate Reputation Management erläutert. Im letzten Kapitel wird zusammenfassend aufgezeigt, wie Misserfolgsfaktoren vermieden werden und Unternehmen sich in der Praxis soziale Medien nutzbar machen können.

Inhaltsverzeichnis

1 Corporate Reputation Management und die sozialen Medien

Reputation bedeutet „Ruf" bzw. „Ansehen" einer Person bzw. eines Unternehmens und gilt als Indikator dafür, ob diese eine Glaubwürdigkeit aufweisen bzw. ob ihnen Vertrauen geschenkt werden sollte. Die Reputation eines Unternehmens – die sogenannte **Corporate Reputation** – trägt folglich maßgeblich zur Absicherung von Entscheidungen bei. Dabei kann es sich um die Anlage von Vermögen (von privaten wie von institutionellen Anlegern), die Auswahl eines neuen Arbeitgebers oder eines Kooperationspartners wie auch um eine klassische Kaufentscheidung handeln. Da viele Unternehmen heute gute Produkte und Dienstleistungen – häufig in einer austauschbaren Qualität – anbieten, verschiedene Unternehmen um attraktive Mitarbeiter, Kooperationspartner und Aktionäre im Wettbewerb stehen, kommt der Corporate Reputation ein zentraler Stellenwert zu. Deshalb wird es für die hier angesprochenen Stakeholder in zunehmendem Maße relevant, welche weiteren – über das konkrete Produkt- und Dienstleistungsangebot – hinausgehenden Informationen (wie Berichte, Fotos, Videos, Bewertungen von Dritten) mit einem Unternehmen verbunden werden bzw. über welche Daten bei der Suche nach entsprechenden Angeboten oder des Unternehmens selbst insb. im Internet gefunden werden (vgl. grundlegend Wüst 2012; Wiedmann 2012; auch Seemann 2008; Barnett et al. 2006; Roberts und Dowling 2002; Gotsi und Wilson 2001).

Beim **Corporate Reputation Management** ist es wichtig sich vor Augen zu führen, dass sich nicht nur die Art der Kommunikation des Unternehmens verändert hat, sondern auch die Kommunikation der Zielpersonen selbst. Bis in die 60er und 70er Jahre des letzten Jahrhunderts hinein dominierte die 1. Stufe der Differenzierung von Kommunikation (vgl. Abb. 1.1). Diese **One-to-Mass-Ausrichtung** beinhaltete eine weitgehend undifferenzierte Kundenansprache durch die Unternehmen, in dem Anzeigen in breit streuenden Zeitungen und Zeitschriften

R. T. Kreutzer, *Corporate Reputation Management in den sozialen Medien*, essentials, DOI 10.1007/978-3-658-06885-1_1

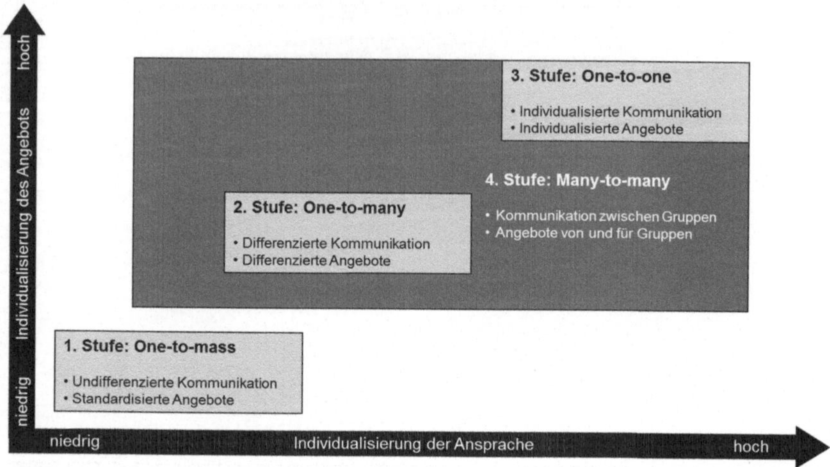

Abb. 1.1 Veränderung des Differenzierungsgrades in Kommunikation und Leistungserbringung

oder TV- und Rundfunk-Spots geschaltet wurden. Dieses unternehmerische Verhaltensmuster wurde in der 2. Stufe in vielen Bereichen – basierend auf einer zunehmenden Zielgruppensegmentierung – durch das Prinzip **One-to-Many** ergänzt bzw. abgelöst. Unter dem Schlagwort Customer-Relationship-Management wurde in den 90er Jahren – gestützt auf weiter verfeinerten Datengrundlagen, leistungsstärkeren Analysesystemen und einer weiterentwickelten Technologie in der Kommunikation – von Unternehmen teilweise der Schritt zur 3. Stufe des **One-to-One** systematisch vorbereitet. Dabei wurde versucht, den Interessenten und Kunden zunehmend als Einzelperson in den Mittelpunkt der Kommunikation zu stellen und diesen differenziert anzusprechen und zu betreuen. Diese Personalisierung und Individualisierung der Ansprache orientiert sich am spezifischen Wissen über die Person und/oder an Informationen über die Historie der Beziehung zwischen Person und Unternehmen. Dabei gilt, dass heute erst ein Teil der Unternehmen die Möglichkeiten ausschöpft, die das Dialog-Marketing den Unternehmen bietet (vgl. weiterführend Kreutzer 2009). Bezüglich der Kommunikation gilt dabei, dass die entsprechenden Aktivitäten der Unternehmen in den Ausprägungen One-to-Mass (bspw. nationale TV-Kampagnen oder Anzeigenschaltung in breitstreuenden Zeitschriften und Zeitungen), mit zielgruppenspezifischeren One-to-Many-Maßnahmen (etwa Anzeigen in Special-Interest-Zeitschriften sowie Mailings an ausgewählte Zielgruppen) mit One-to-One-Ansprachen zu kombinieren sind, die auf der spezifischen Historie von Interessenten und Kunden zum eigenen Unternehmen aufbauen. Welche Kommunikationsform dabei dominiert, ist vom jeweiligen Geschäftsmodell des Unternehmens abhängig. Heute sehen wir uns mit der 4. Stufe

Many-to-Many konfrontiert – die von den Internet-Nutzern selbst durch die sozialen Medien und insb. die sozialen Netze initiiert wurde. Diese Variante weist eine deutlich größere Bandbreite hinsichtlich Ansprache auf. Zum einen können ganz gezielte One-to-One-Nachrichten erstellt und übermittelt werden. Gleichzeitig werden in höherem Maße auch Gefallens- und Missfallens-Bekundungen und/oder Angebote an einen größeren Kreis von mehr oder weniger gut bekannten Personen verschickt (bspw. bei *Facebook* oder *Twitter*).

Es wird deutlich, dass in zunehmendem Maße nicht mehr allein die vom Unternehmen gesendeten Informationen die Corporate Reputation beeinflussen. Eine immer größere Bedeutung kommt den Inhalten zu, die in der Kommunikation Many-to-Many zwischen den Vertretern der unterschiedlichen Zielgruppen selbst ausgetauscht werden – bspw. zwischen Kunden oder zwischen Kunden und Interessenten. Diese Art der – von Unternehmen weitgehend unabhängigen – Kommunikation stellt für diese eine große Herausforderung dar, da damit eine **Reduktion** bzw. ein **Verlust der Informationshoheit der Unternehmen** einhergeht.

Wodurch wurden die unterschiedlichen Zielgruppen in die Lage versetzt, eine solche **Gegenmacht** aufzubauen? Hier kommt den sogenannten „sozialen Medien" eine Schlüsselrolle zu. Unter dem Begriff soziale Medien werden Online-Medien und -Technologien subsumiert, die es den Internet-Nutzern ermöglichen, einen Informationsaustausch online durchzuführen (vgl. weiterführend Kreutzer 2012). Zu den sozialen Medien zählen neben sozialen Netzwerken und Media-Sharing-Plattformen auch Blogs, Online-Foren und Online-Communities. Die sozialen Medien fördern den Austausch Many-to-Many. Dieser kann sich u. a. an gleichen Interessen, einem vergleichbaren beruflichen Umfeld, gemeinsamen Vorhaben, ähnlichen Meinungen oder politischen Einstellungen orientieren. Durch den Austausch von Informationen (wie etwa Kommentaren, Bewertungen oder Empfehlungen) sowie das Teilen von eigenen Leistungen (bspw. selbst verfassten Texten, Stand- und Bewegtbildern sowie Audio-Produktionen) werden soziale Ziele verfolgt. Dabei geht es bspw. um Anerkennung, eine Vernetzung zwischen den beteiligten Personen und/oder schlicht den Austausch von unterschiedlichsten Inhalten. Den Unternehmen und werblichen oder PR-bezogenen Botschaften kommt in diesen sozialen Medien folglich zunächst keine dominante Rolle zu. Deshalb muss eines schon an dieser Stelle deutlich betont werden:

Die sozialen Medien dürfen nicht als weiterer reiner Verkaufs-, Werbe- oder PR-Kanal missverstanden zu werden

Dies ist bei der Einbindung der sozialen Medien in die Unternehmenskommunikation zwingend zu berücksichtigen. Denn im Kern geht es innerhalb der sozialen Medien um eine **Interaktion zwischen Internet-Nutzern** – verbunden mit dem **Austausch von Informationen und User-Generated-Content**. Dieser kann ausschließlich zwischen Privatpersonen oder zwischen Privatpersonen und Unternehmen stattfinden. Die weitreichenden Möglichkeiten, eigene „Werke" im Internet zu platzieren und mit anderen umfassend zu kommunizieren, basieren auf den Anwendungen des **Web 2.0**. Neue Technologien ermöglichten die Entstehung dieses sogenannten **Mitmach-Internets**. Kerneigenschaften des Web 2.0 sind die **aktive Teilnahme der Nutzer**, die **Nutzung des Potenzials der kollektiven Intelligenz** von Internet-Nutzern und die Möglichkeit, an vielen im Internet verfügbaren Inhalten selbst **Änderungenvornehmen** oder **eigene Schöpfungen präsentieren** zu können. Durch diese Aktivitäten entwickeln sich immer mehr passive Konsumenten des Web 1.0 (**Consumers**) zum mitgestaltenden Produzenten eines Web 2.0. Diese Entwicklung spiegelt sich im Begriff **Prosumer** als Mischung von Producer und Consumer wider. Den Kern des Web 2.0 stellt deshalb **User-Generated-Content** dar, d. h. die Einstellung von Inhalten ins Netz, die von nicht-professionellen Internet-Nutzern selbst generiert wurden. Hierzu zählen neben Fotos und Videos bspw. auch Kommentare, Bewertungen, Artikel und Audio-Dateien. Web 2.0 beschreibt damit das Phänomen, dass Inhalte und Seiten im Internet nicht mehr nur von ausgewählten Spezialisten oder Unternehmen erstellt und verändert werden können, sondern durch die Gemeinschaft der Internet-Nutzer selbst (vgl. Kaplan und Haenlein 2010, 60 f.). Web 2.0 ist folglich auch kein eigenständiges Instrument des Online-Marketings, sondern eröffnet den Unternehmen viele zusätzliche Plattformen und Möglichkeiten des Zugangs zu sowie der Einbindung von Internet-Nutzern.

Durch die **Nutzung der sozialen Medien** entstehen zum einen **soziale Beziehungen zwischen den Nutzern**, die sich auf gleicher hierarchischer Ebene begegnen. Zum anderen können sich **Meinungsführer-Meinungsfolger-Beziehungen** herausbilden, die sich im gemeinsamen Erstellen, Weiterentwickeln und Distribuieren von Inhalten bspw. über Blogs und Communities konkretisieren. Die niedrigen Einstiegsbarrieren bei der Nutzung der sozialen Medien – wie geringe Kosten, einfache Möglichkeiten zum Upload von Inhalten, leichte Bedienbarkeit (auch Usability genannt) – fördern deren Verbreitung. Damit verlieren gleichzeitig die klassischen Meinungsführer (wie Journalisten, Analysten) an Relevanz, auch wenn sich diese den entsprechenden Bedeutungsverlust noch nicht deutlich vor Augen führen und ein Engagement in den sozialen Medien teilweise als weniger relevant ansehen (vgl. Wüst und Partner 2010, S. 25, 30).

Die wichtigsten **Nutzungsklassen und Anwendungsbeispiele der sozialen Medien** finden sich in Abb. 1.2. Eine Gruppe bilden die primär auf **Kommunikation** abzielenden Angebote wie Blogs, Microblogs (bspw. *Twitter*), private und berufliche soziale Netzwerke (wie *XING*, *LinkedIn*, *Facebook*, *Google+*), Social-Bookmarking-Plattformen sowie Foren und Communities. Bei einer weiteren

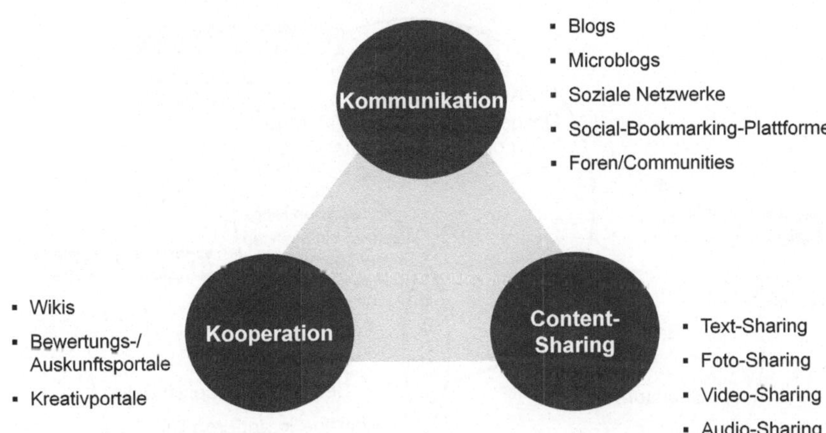

Abb. 1.2 Nutzungsklassen und Anwendungsbeispiele der sozialen Medien (Kreutzer 2012, S. 331)

Gruppe steht die **Kooperation zwischen den Nutzern** im Mittelpunkt. Hier werden bspw. gemeinsam Wikis aufgebaut (etwa *Wikipedia* oder *Wikileaks*), vorhandene Leistungen im Rahmen von Bewertungs- und Auskunftsplattformen (bspw. *ciao.de*) beurteilt oder im Rahmen von Kreativportalen neu geschaffen. In der dritten Gruppe geht es um ein **Content-Sharing**, d. h. das Teilen von Inhalten über spezifische Media-Sharing-Plattformen wie *YouTube* oder *Flickr*. Diese Inhalte können bspw. Texte, Videos, Fotos oder Audio-Dateien sein. Ein solches Content-Sharing findet allerdings auch in den sozialen Netzen statt, weil auch hier unterschiedlichste Inhalte mit anderen geteilt werden.

Durch eine Vernetzung der aufgezeigten Konzepte können komplexe **Social-Media-Anwendungen** entstehen, die für Unternehmen attraktive Kommunikationsplattformen darstellen. Wichtig ist, dass alle diese Anwendungen eines bieten:

Die Möglichkeit zum Dialog zwischen Unternehmen und ihren relevanten Zielgruppen

Aufgrund der zunehmenden Bedeutung der sich hier bietenden Möglichkeiten wurde der Begriff **Social-Media-Marketing** eingeführt. Social-Media-Marketing bezeichnet dabei ein Vorgehenskonzept, das sich zur Erreichung von Marketing-Zielen der Beteiligung der Nutzer in den sozialen Medien bedient. Dabei ist zu berücksichtigen, dass dabei verschiedene Medien-Kategorien zu unterscheiden sind (vgl. grundlegend Mayer-Uellner 2010, S. 16; Oetting 2010). Die in der Verantwortung der Unternehmen selbst liegenden Online-Aktivitäten werden als **Owned**

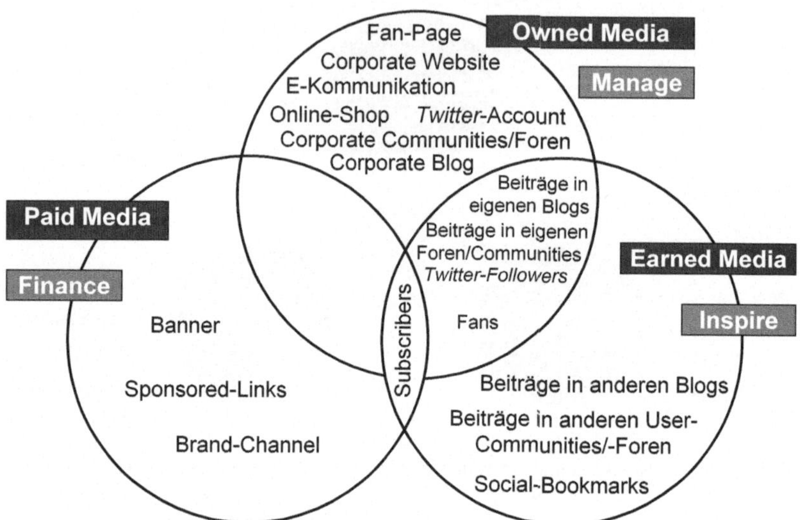

Abb. 1.3 Überblick über verschiedene Medien-Klassen (Kreutzer 2012, S. 337)

Media bezeichnet. Hierzu gehören u. a. die Corporate Website, die E-Kommunikation sowie ein Online-Shop. Auch die Angebote zur Kommunikation mit den Nutzern über *Twitter*, *Facebook* sowie Corporate Blogs und eigene Foren und Communities gehören dazu (vgl. Abb. 1.3; weiterführend Kreutzer 2012, S. 336–341). Diese Medien gilt es zielorientiert zu managen (Stichwort: **Manage**). Davon ist der Bereich **Paid Media** abzugrenzen, der die Maßnahmen beschreibt, die Unternehmen bei Drittpartnern einkaufen. Beispiele hierfür sind Banner, Sponsored-Links sowie Channels im Branding des eigenen Unternehmens bzw. der eigenen Marke (bspw. bei *YouTube*). Der Zugriff auf diese Möglichkeiten ist lediglich eine Frage der eingesetzten Finanzen (Stichwort: **Finance**). Die dritte Kategorie **Earned Media** bezeichnet die Plattformen sowie insb. die Inhalte, die Unternehmen sich durch ihre Aktivitäten – im Guten wie im Schlechten – von den Internet-Nutzern verdient haben. Hierbei handelt es sich um User-Generated-Content in unterschiedlichen Ausprägungen. Dazu zählen bspw. Social-Bookmarks sowie Beiträge in unternehmensfremden Blogs, Foren und Communities sowie in den sozialen Netzwerken. Eine wichtige Voraussetzung, um einen hohen (positiven) Anteil im Bereich Earned Media zu erreichen, ist es, sich die Aufmerksamkeit sowie eine Beteiligung in den sozialen Netzwerken zu verdienen. Neben dem notwendigen Invest von Zeit und Geld gehört dazu insb. auch die Fähigkeit, gute Geschichten zu erzählen (vgl. Eck 2011). Das Stichwort lautet deshalb hier entsprechend: **Inspire**.

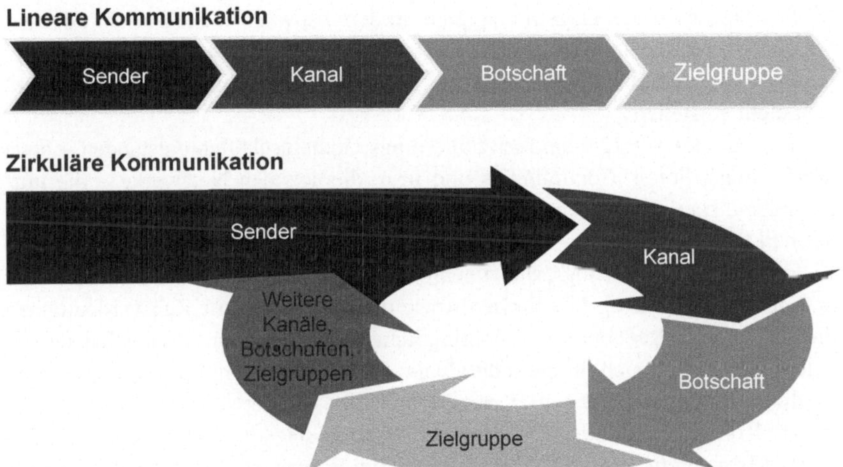

Abb. 1.4 Veränderung der Kommunikationsprozesse – von linear zu zirkulär (Kreutzer 2012, S. 31)

Viele weitere Inhalte liegen in den **Überschneidungsfeldern verschiedener Media-Kategorien**. Werden bspw. Nutzer durch Mitmach-Aktionen aufgefordert, eigene Inhalte auf Plattformen zu kreieren, die von Unternehmen betrieben werden, so gehört dieser Teil des User-Generated-Content in das Überschneidungsfeld zwischen Owned und Earned Media. Gleiches gilt, wenn ein Unternehmen Nutzer zum Dialog in einen Corporate Blog oder in eigene Foren und Communities einlädt und dem Folge geleistet wird. Auch die etwa bei *Facebook* gewonnenen Fans oder die Follower bei *Twitter* gehören dazu. Abonnieren Nutzer einen markenspezifischen *YouTube*-Channel, gehören sie als Subscriber in den Überschneidungsbereich zwischen Paid und Earned Media.

Damit wird der **Unterschied zwischen den sozialen Medien und den klassischen Massenmedien** deutlich. Während der Einsatz der klassischen Massenmedien den professionellen Anwendern vorbehalten ist, steht ein Engagement in den sozialen Medien **jedem Internet-Nutzer** offen. Ein weiteres Abgrenzungsmerkmal zwischen sozialen und Massenmedien besteht darin, dass die sozialen Medien vielfach eine **Echtzeit-Kommunikation** ermöglichen – sowohl hinsichtlich der Bereitstellung als auch der Veränderung von Inhalten. Damit wird eine ungleich höhere Geschwindigkeit im Informationsaustausch ermöglicht, als dies aufgrund der weitgehend linearen Kommunikation bei den meisten Massenmedien der Fall ist (vgl. Abb. 1.4). Die **Linearität der Kommunikation** besteht darin, dass ein Unternehmen bspw. eine PR-Anzeige schaltet. Diese wird nach Erscheinen im Idealfall von vielen Personen gelesen. Wenn die Anzeige Dialog-Elemente enthält, können die Leser jetzt einzeln reagieren, in dem bspw. ein CSR-Bericht oder der Geschäftsbericht angerufen wird. Es folgt ein Schritt auf den anderen; eine parallel laufende Kommunikation zwischen den Empfängern mit dem Unternehmen wird sich nicht einstellen.

Im Zuge des Web 2.0 sind jetzt allerdings Gemeinschaften entstanden – etwa durch Blogs, Foren, Communities und insb. die sozialen Netzwerke – die miteinander diskutieren, füreinander Lösungen erarbeiten, bewerten und ggf. auch vermarkten, ohne dass Unternehmen einen direkten Zugriff nehmen könnten. Die Vielzahl der privaten Blogs, die zunehmende Bedeutung der sozialen Netzwerke und der Media-Sharing-Plattformen sowie die dort verbrachte Zeit verdeutlichen die zunehmende Relevanz. Das ursprüngliche Massenmedium Internet hat sich zu einem massenhaft auch für die Individual- und Gruppenkommunikation genutzten Medium weiterentwickelt (vgl. Karle 2010, S. 35). Hierdurch wurde die klassische lineare Kommunikation in vielen Bereichen durch eine zirkuläre Kommunikation ergänzt bzw. partiell abgelöst. Vor diesem Hintergrund wird es für Unternehmen immer entscheidender, die „richtige" Initialzündung in der Kommunikation zu erreichen, um ggf. virale Prozesse auszulösen. Die sozialen Medien fördern diese **zirkuläre Kommunikation**, die mit dem Akronym **KIIS** wie folgt charakterisiert werden kann:

- ***K*ollaborativ** (i. S. der Zusammenarbeit der Nutzer zugunsten oder auch zu Ungunsten eines Unternehmens, einer Marke oder eines Angebotes)
- ***I*nteraktiv** (i. S. eines Austauschs der Nutzer untereinander und/oder mit dem Unternehmen)
- ***I*terativ** (i. S. von wiederholend, da bspw. Kritik, Reklamationen, Vorschläge u. Ä. so lange online präsentiert werden, bis eine aus Sicht der Nutzer angemessene Reaktion stattfindet)
- ***S*imultan** (i. S. einer Gleichzeitigkeit verschiedener Kommunikationsstränge und -inhalte)

Es wird deutlich: Menschen nutzen das Internet und insb. die sozialen Medien nicht mehr nur, um sich zu informieren. Sie verwenden diese vielmehr, um intensiv zu kommunizieren, um Bewertungen über Unternehmen sowie deren Marken und Angebote abzugeben und zu erhalten sowie um eigene Kreationen zu präsentieren. Der Nutzer ist dann kein passiver Teilnehmer mehr, sondern der schon genannte **Prosument**, d. h. Produzent und Konsument von Inhalten in einem. Er kann grds. jederzeit und von jedem Ort aus nach Informationen über Unternehmen, Marken und Angebote suchen und selbst Inhalte unterschiedlichster Art erstellen und online präsentieren. Welche Bedeutung diesen Entwicklungen zukommt, zeigt eine Studie zur **Nutzungsintensität der sozialen Medien** (vgl. Tab. 1.1). Danach

Tab. 1.1 Regelmäßige Nutzung ausgewählter sozialer Medien – in % (regelmäßig i. S. von „zumindest wöchentlich"; Basis: Online-Nutzer ab 14 Jahre in Deutschland). (Quelle: Busemann und Gscheidle 2012, S. 387; ARD/ZDF, 2013)

Plattform	2007	2008	2009	2010	2011	2012	2013
Private Netzwerke (u. a. *Facebook*)	6	18	25	34	35	36	41
Wikipedia	20	25	28	31	29	30	32
Video-Portale (u. a. *YouTube*)	14	21	26	30	31	32	32
Berufliche Netzwerke (u. a. *Xing*)	4	2	5	5	3	3	4
Fotosammlungen (u. a. *Flickr*)	2	4	7	2	3	0	–
Blogs	3	2	3	2	1	2	4
Twitter	0	0	0	1	0	2	2

engagieren sich in Deutschland im Jahr 2013 41 % regelmäßig in privaten und 4 % in beruflichen Netzwerken. 32 % greifen mindestens einmal wöchentlich auf *Wikipedia* zu. Content-Sharing betreiben bei Videos 32 %, bei Fotos allerdings nur 2 %. Blogs werden von 4 % regelmäßig genutzt. Bei *Twitter* fällt diese Nutzung mit 2 % noch geringer aus.

Die Onlinestudie belegt, dass die Zahl der Internetnutzer in Deutschland nur noch moderat wächst. Stark zugenommen hat jedoch die tägliche Nutzungsdauer: 169 min sind die deutschen Onliner im Durchschnitt täglich im Netz; dies entspricht einer Steigerung gegenüber dem Vorjahr um 36 min. Diese Entwicklung ist nicht zuletzt auf die mobilen Endgeräte zurückzuführen, die inzwischen fast zur Standardausstattung deutscher Onlinehaushalte zählen. Entsprechend stark stieg die Unterwegsnutzung an – von 23 % (2012) auf 41 % (2013).

Eine Studie von *eCircle* und *MediacomScience*, der eine für das Internet repräsentative Befragung von 1.000 Personen in Deutschland zugrunde liegt, liefert für die **Nutzung der sozialen Medien** sowie **der E-Kommunikation** weitere wichtige Erkenntnisse. Danach gilt (vgl. Wiewer und Anweiler 2010, S. 2):

- 61 % der Deutschen sind über soziale Netze erreichbar. Die sozialen Netze dienen – neben der privaten bzw. beruflich orientierten Vernetzung – primär der Informationsbeschaffung über Produkte und Dienstleistungen, seltener dem direkten Kauf.
- *Twitter*-Nutzer stehen zu 50 % einer Kommunikation konkreter Unternehmensangebote offen gegenüber. 31 % der *Facebook*-Nutzer informieren sich auf dieser Plattform über Produkte, Dienstleistungen und Unternehmen.
- Durchschnittlich 27 % aller deutschen Nutzer verwenden die sozialen Netzwerke für diese Art der Informationsbeschaffung.
- Insb. *Facebook*, die *VZ-Gruppe* und *Wer-kennt-wen* haben ein großes Multiplikationspotenzial, um virale Prozesse anzustoßen.

Nutzertyp	Charakteristika
Kreatoren (Creators) 9%	▪ Veröffentlichen Blogs und haben eigene Websites ▪ Laden selbst erzeugte Videos und/oder Audio-Dateien ins Internet ▪ Verfassen Artikel und veröffentlichen diese online
Unterhalter (Conversationalists) 15%	▪ Aktualisieren ihre Profile in den sozialen Netzwerken ▪ Posten Updates auf *Twitter*
Kritiker (Critics) 12%	▪ Bewerten oder besprechen Produkte und Dienstleistunge ▪ Kommentieren Blog-Posts anderer ▪ Liefern Beiträge auf Online-Foren/Wikis
Sammler (Collectors) 4%	▪ Abonnieren RSS-Feeds ▪ Fügen bei Fotos und auf Websites Tags hinzu ▪ „Voten" für Websites i. S. einer Abstimmung
Mitmacher (Joiners) 21%	▪ Besitzen Profile auf sozialen Netzwerken ▪ Besuchen Sites der sozialen Netzwerke
Zuschauer (Spectators) 38%	▪ Lesen Tweets und Blogbeiträge ▪ Lesen Bewertungen und Beiträge in Online-Foren ▪ Sehen sich Videos und hören sich Podcasts anderer an
Inaktive (Inactives) 52%	▪ Keine Beteiligung an Aktivitäten innerhalb der sozialen Medien

Abb. 1.5 Nutzertypen des *Social-Technographics-Profiles* und deren prozentualer Anteil in Deutschland – Mehrfachnennungen möglich. (Quelle: Forrester 2009, 2010).

- Das virale Potenzial entsteht dadurch, dass 31 % der Nutzer sozialer Netzwerke mehr als 100 Freunde oder Follower aufweisen. Im Durchschnitt erreicht jede geteilte Nachricht 57 Personen. Voraussetzung hierfür ist, dass die Nachricht eines Unternehmens eine Relevanz ausweist, die zum Teilen mit anderen motiviert.
- 15 % sind Fan oder Follower von Unternehmen und/oder Marken. Fans und Follower wünschen sich zu 46 % Einladungen zum Mitmachen bei Aktionen. 26 % wollen sich aktiv in die Entwicklung der unternehmerischen Angebote einbringen. 40 % der Fans und Follower wollen durch diesen Status ihre Verbundenheit zu Unternehmen und/oder Marken zum Ausdruck bringen.
- 36 % der deutschen Internet-Nutzer sind online werblich nur über eine E-Kommunikation zu erreichen – und nicht über soziale Netzwerke.
- Nahezu die Gesamtheit der 15 % Internet-Nutzer, die Fan oder Follower von Unternehmen und/oder Marken sind, können auch über E-Newsletter erreicht werden.

Eine Klassifikation von *Forrester Research* unterteilt Menschen nach der Art ihrer **Beteiligung auf Social-Media-Plattformen** in Kreatoren, Kritiker, Sammler, Mitmacher, Zuschauer und Inaktive. Die Struktur dieser sogenannten *Social-Technographics-Profiles* in Deutschland zeigt Abb. 1.5 (vgl. Li und Bernoff 2009, S. 53; Forrester 2009, 2010).

Die hier genannten Spezifika der Medien sowie der unterschiedlichen Nutzergruppen und deren Erwartungshaltungen und Motivationen sind bei der Einbindung der sozialen Medien in das **Corporate Reputation Management** zu berücksichtigen.

Grundprinzipien für die Einbindung der sozialen Medien in das Corporate Reputation Management

2

Im Rahmen des **Corporate Reputation Managements** können die sozialen Medien eingebunden werden, um einen Dialog mit den relevanten Meinungsführern eines Unternehmens, mit Interessenten und Kunden sowie mit weiteren Stakeholdern aufzubauen. Die Voraussetzung für eine erfolgreiche Einbindung ist eine Ausrichtung an den folgenden **Grundprinzipien der Kommunikation in den sozialen Medien**:

- **Ehrlichkeit/Authentizität**
- **Offenheit/Transparenz**
- **Kommunikation auf Augenhöhe**
- **Relevanz**
- **Kontinuität/Nachhaltigkeit**

Der **Ehrlichkeit** und **Authentizität** (zu verstehen als „Echtheit") in der Kommunikation kommt eine zentrale Bedeutung zu. Versucht ein Unternehmen die Meinungsbildung in seinem Sinne zu beeinflussen, indem es selbst positive Bewertungen und Kommentare über sich verfasst, kann das, wenn es öffentlich wird, dem Image (nachhaltig) schaden. Bei einem Fehlverhalten von Unternehmen kann sich die Gemeinschaft gegen dieses wenden (vgl. Mühlenbeck und Skibicki 2008, S. 19). „Today, there's nowhere to run and nowhere to hide. The moment you hide something, you will end up being exposed and picked apart" (Gogoi 2006). Einem Unternehmen, welches sich bspw. unethischer Maßnahmen bedient oder bedient hat bzw. die aufgebauten Erwartungshaltung seiner Kunden nicht erfüllen kann, ist häufig von einem Einstieg in die sozialen Medien abzuraten. Wenn ein Unternehmen „Leichen im Keller" hat, die durch aktive Internet-Nutzer schnell an die Oberfläche geholt werden können, finden Informationen darüber häufig eine große virale Verbreitung.

R. T. Kreutzer, *Corporate Reputation Management in den sozialen Medien*, essentials, DOI 10.1007/978-3-658-06885-1_2

Ein Engagement in den sozialen Medien setzt die Fähigkeit voraus, Kritik der unterschiedlichsten Stakeholder anzunehmen sowie offen und authentisch darauf zu reagieren (vgl. Raddatz 2010, S. 26). Durch eine **Offenheit** und **Transparenz** in der regelmäßigen Kommunikation mit den unterschiedlichen Stakeholdern kann eine hohe Glaubwürdigkeit erzielt werden (vgl. Wüst & Partner 2010, S. 6). Das Gegenteil wird erreicht, wenn ein Unternehmen als Teilnehmer in den sozialen Medien erst dann sichtbar wird, wenn dort fehlerhafte Informationen kursieren, die das Unternehmen richtigstellen möchte. Den dann kommunizierten Botschaften fehlt häufig der „Stallgeruch", weil das Unternehmen es bisher nicht geschafft hat, sich in der Social-Media-Sphäre zu integrieren und zu etablieren. Ein längerfristiges Engagement in den sozialen Medien hält dagegen – *auch* für Krisenfälle – die erforderlichen Kommunikationskanäle bereit (vgl. Nuneva 2012).

Bei Dialogen und Diskussionen ist grds. eine **Kommunikation auf Augenhöhe** sicherzustellen. Das belehrende, besser informierte und/oder kritisierende Unternehmen bzw. dessen Repräsentanten werden nicht auf Akzeptanz stoßen. Bei jeder Anfrage, bei jedem Dialogbeitrag in einer Community, einem Forum oder einem Blog muss davon ausgegangen werden, dass dahinter vielleicht ein gut vernetzter Kommunikator steht, dem deshalb – wie auch allen anderen Diskutanten – mit Wertschätzung und Respekt zu begegnen ist.

Innerhalb der sozialen Medien steht die Gemeinschaft der Internet-Nutzer selbst im Mittelpunkt. Unternehmen können hier versuchen, eigene Angebote zu präsentieren, um Nutzer zur Mitwirkung einzuladen oder selbst von Nutzern zur Mitwirkung eingeladen zu werden. Voraussetzung hierfür ist, dass die präsentierten Inhalte eine **Relevanz** für die Zielgruppen aufweisen. Das übergreifende Ziel der Unternehmen sollte folglich sein, durch unterschiedliche Formen der Interaktion mit den Nutzern eine langfristige Beziehung auf Basis von gegenseitiger Wertschätzung, Loyalität und Vertrauen aufzubauen.

Eine **Kontinuität** bzw. die **Nachhaltigkeit** des Social-Media-Engagements stellt dafür eine notwendige Voraussetzung dar. So können innerhalb der sozialen Medien Kampagnen gestartet werden (bspw. die Aufforderung zu Mitmach-Aktionen, die Ankündigung von Events), die das laufende Engagement des Unternehmens begleiten und/oder intensivieren. Aufgrund der bereits bestehenden Vernetzung ist mit einer höheren Beteiligungsquote zu rechnen, wenn zwischen den Nutzern **Word-of-Mouth-Effekte** erzeugt werden. Diese können dazu beitragen, dass Inhalte viral verbreitet werden (vgl. Weinberg 2010, S. 5). Über die Inhalte dieser Dialoge haben Unternehmen allerdings **keine direkte Kontrolle** mehr. Durch das Engagement der Unternehmen innerhalb der sozialen Medien kann der Informationsaustausch aber zumindest zu einem gewissen Grad beeinflusst werden (vgl. Safko und Brake 2009, S. 5).

Die übergreifend gebotene **Glaubwürdigkeit** von Unternehmen, Marken und Angeboten wird nur dann erreicht, wenn die Kommunikation in den sozialen Medien sich konsequent an den genannten Kriterien Ehrlichkeit/Authentizität, Offenheit/Transparenz, Relevanz und Kontinuität/Nachhaltigkeit ausrichtet und dabei eine Kommunikation auf Augenhöhe entsteht. Deshalb setzt jedes Engagement in den sozialen Medien die folgenden drei Schritte voraus:

- Analyse der Erfolgsvoraussetzungen zur Erreichung der relevanten Stakeholder
- Auseinandersetzung mit den Möglichkeiten und Grenzen der unterschiedlichen sozialen Medien zur Erreichung der Ziele des Corporate Reputation Managements (inkl. der Festlegung der relevanten KPIs zur Ermittlung des ROI der entsprechenden Maßnahmen)
- Umfassende Planung der Einzelmaßnahmen des Corporate Reputation Managements (inkl. Bereitstellung der erforderlichen Ressourcen)

Die Vielzahl der Nutzer der sozialen Medien können Segen oder Fluch gleichermaßen sein: Sie können das unternehmerische Angebot stärken und fördern, dieses aber auch in einen negativen Sog hineinziehen, wenn sie das Unternehmen an den **digitalen Pranger** stellen. Hierauf müssen Unternehmen zwingend vorbereitet sein, damit ein Statement wie „Wir wussten nicht, wie wir reagieren sollten" vom CEO *H. Schultz* von *Starbucks* auf einen entsprechenden Angriff unterbleiben kann (vgl. Karle 2010, S. 34). Deshalb lautet das Motto für jedes Engagement in den sozialen Medien:

Be prepared to be attacked!

Engagierte Meinungsführer, Kunden und Fans fügen im Positivfall den Online-Inhalten der Unternehmen ihre eigenen Videos, Fotos sowie Audio- und Textbeiträge hinzu und ergänzen diese ganz im Sinne des anbietenden Unternehmens (vgl. Schmiegelow und Milan 2010, S. 107). Im Negativfall können allerdings Fehler und Versäumnisse des Unternehmens in diesen Medien zu unerwünschten viralen Effekten führen, wenn Kritik, schlechte Erfahrungen oder nicht eingehaltene Versprechungen Gegenstand des Austauschs der Nutzer werden. Dies muss *vor* einem Einstieg in die sozialen Medien zum Aufbau der Corporate Reputation bedacht werden.

Diese Veränderungen erfordern die Bedienung aller relevanten Stakeholder-Touch-Points eines Unternehmens, um einen relevanten Einfluss auf die eigene Corporate Reputation zu erlangen. Unter **Stakeholder-Touch-Points** sind die Berührungspunkte zwischen Stakeholdern (also Interessenten, Kunden, Mitarbeitern, Lieferanten, Kooperationspartnern, Investoren) und Unternehmen zu verstehen. Dazu zählen die Kontakte zum Verkäufer im Einzelhandel genauso wie zum

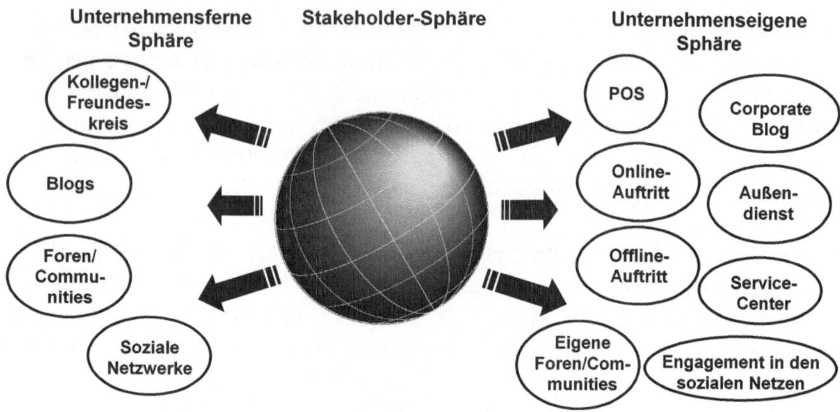

Abb. 2.1 Erweitertes Konzept der Stakeholder-Touch-Points

Außendienst oder zu Mitarbeitern im Customer-Service-Center oder in der PR-Abteilung. Auch der Online-Auftritt des Unternehmens mit der eigenen Homepage sowie E-Mails, E-Newsletter, Werbebanner und Corporate Blogs sowie von den Unternehmen betriebene Online-Foren und -Communities stellen solche Touch-Points dar. Das klassische **Management der Stakeholder-Touch-Points** konzentrierte sich auf die **Berührungspunkte der unternehmenseigenen Sphäre**, die das Unternehmen selbst „betreut". Damit bleiben aber viele (neue) Touch-Points ungenutzt und ungesteuert, auf die ein Interessent oder Kunde im Vorfeld oder parallel zu einem Kauf oder einer Produktnutzung bzw. der Inanspruchnahme einer Dienstleistung zugreift. Aber auch Aktionäre und potenzielle Mitarbeiter nutzen nicht nur die Touch-Points der unternehmenseigenen Sphäre, um sich im Vorfeld einer Kontaktaufnahme zu informieren. Zu den entsprechenden Informationsquellen zählen nicht nur der Austausch im privaten und geschäftlichen Umfeld, sondern auch die Beschäftigung mit Unternehmen und deren Angeboten im Internet – jenseits der unternehmensgesteuerten Auftritte. Für die Informationsgewinnung der Interessenten und Kunden, möglicher Kooperationspartner und neuer Mitarbeiter und Aktionäre gewinnen aber auch solche Blogs, Communities und Fangruppen, Bewertungsplattformen sowie die sozialen Netzwerke zunehmend an Bedeutung, die nicht durch die Unternehmen selbst betreut werden (vgl. Abb. 2.1). Deshalb sind auch diese in das **Stakeholder-Touch-Point-Management** zu integrieren (vgl. zur beispielhaften Umsetzung Nuneva 2012; Bruch 2012).

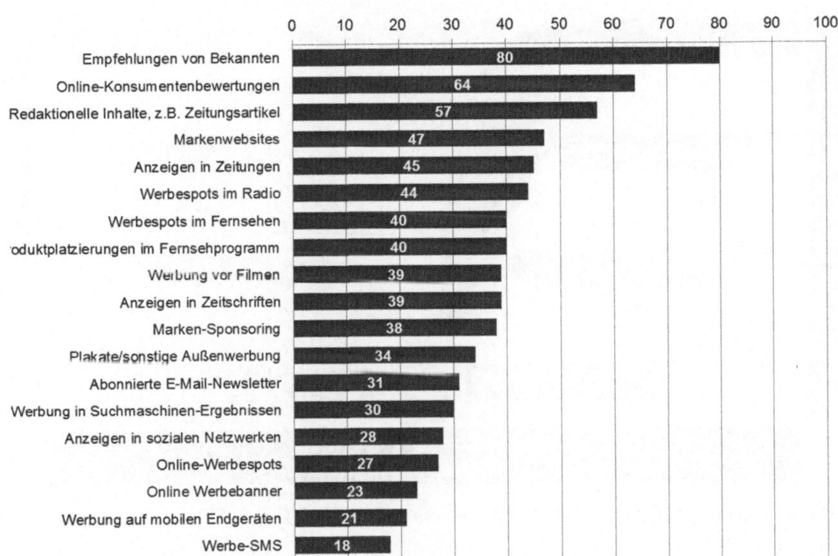

Abb. 2.2 Vertrauen in unterschiedliche Werbeformen in Deutschland in % (n=533, Angabe „absolutes/durchaus Vertrauen"). (Quelle: Nielsen 2013)

Viele Unternehmen vernachlässigen die **Kontaktpunkte der unternehmensfernen Sphäre** – da sie sich einer direkten Steuerung und Beeinflussung entziehen. Gleichwohl haben diese Kontaktpunkte einen zentralen Einfluss auf das Entscheidungsverhalten der Stakeholder, weil Statements in Online-Foren häufig eine höhere Glaubwürdigkeit zugeschrieben wird als Inhalten der Unternehmenskommunikation. Folglich ist das Touch-Point-Management entsprechend weiterzuentwickeln, um auch diese weiteren Touch-Points beim Corporate Reputation Management zu berücksichtigen. Welche Bedeutung den einzelnen Touch-Points konkret zukommt, zeigt eine Studie von Nielsen (2013): Danach weisen **Empfehlungen von Bekannten** mit 80 % der Nennungen die höchste Glaubwürdigkeit auf, bereits gefolgt von **Online-Konsumentenbewertungen** mit 64 %. Ann dritter Stelle liegen **redaktionelle Inhalte**, denen 57 % absolut bzw. durchaus vertrauen. Dann folgen die **Marken-Website** mit 47 % bzw. die **Anzeigen in Zeitungen** mit 45 % „Vertrauen". Erst danach werden die unterschiedlichen Werbeformate genannt (vgl. Abb. 2.2).

Zusätzlich zu den oben beschriebenen Erwartungshaltungen sind auch die **Motivstrukturen der Online-Nutzer** zu erfassen, um diese unternehmensseitig in Zuge des Reputation Managements berücksichtigen zu können (vgl. Abb. 2.3). Unter Motiv wird der Beweggrund bzw. der Antrieb verstanden, der Menschen

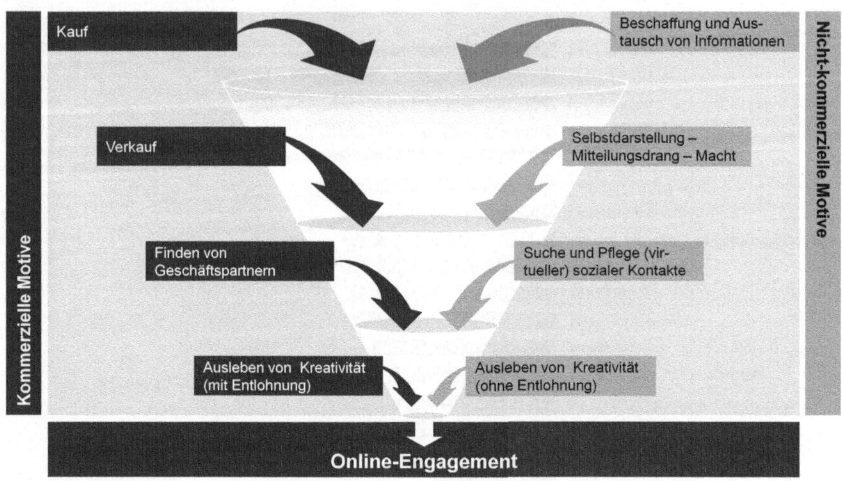

Abb. 2.3 Motivstrukturen von Online-Nutzern. (Kreutzer 2012, S. 65)

zum Handeln bewegt; in diesem Fall, sich in unterschiedlicher Weise im Internet bzw. innerhalb der sozialen Medien zu engagieren. Hierbei ist zunächst zwischen kommerziellen und nicht-kommerziellen Antrieben zu unterscheiden. Zu den **kommerziellen Motiven** zählt bspw. das Bestreben, bestimmte Produkte oder Services zu einem möglichst niedrigen Preis erwerben zu können, etwa unter Zuhilfenahme von Preisvergleich-Sites (wie *guenstiger.de, preisvergleich.de, billiger.de, idealo.de*). Dazu zählt auch der Online-Verkauf von eigenen Leistungen (bspw. von Fotos, Videos, Musikeinspielungen, Texten) oder von anderen Produkten, ohne bereits selbst E-Commerce als professioneller Anbieter zu betreiben. Außerdem kann die **Suche nach Geschäftspartnern** (sei es für Kooperationen, Investments oder im Sinne eines potenziellen Arbeitgebers) durch Netzwerke wie *XING.com*, *LinkedIn.de* oder die *competence-site.de* gefördert werden.

Daneben gibt es eine Vielzahl von **nicht-kommerziellen Motiven**, die dazu führen, dass immer mehr Zeit online verbracht wird. An erster Stelle sind hier die **Beschaffung sowie der Austausch von Informationen** zu nennen, die allgemein durch die Online-Recherche über Suchmaschinen unterstützt wird. Auch die Auswertung von bzw. die Mitwirkung bei Bewertungsplattformen, Blogs, Foren und Communities zahlen auf dieses Motiv ein. Die letztgenannten Konzepte bieten zusätzlich die Möglichkeit, eigene Beiträge zu leisten, wodurch den Motiven **Selbstdarstellung** und **Mitteilungsdrang** Rechnung getragen wird. Diese Motive führen dazu, dass viele Mio. *Facebook*- oder *Google+* -Mitglieder ihre Profile und Pinnwände aufwändig pflegen und mit Videos, Fotos und/oder Tonaufnahmen versehen. Die Bandbreite, den eigenen Mitteilungsdrang auszuleben, spannt sich von der Antwort auf die schlichte Frage „Was mache ich gerade“, die über *Twitter*, *Facebook* und *StudiVZ* beantwortet wird, bis zur Bearbeitung komplexer Themenstellungen bei *Wikipedia*.

Mit dem Mitteilungsdrang kann auch ein **Streben nach Macht** verbunden sein. Während insb. Konsumenten, aber teilweise auch (ehemalige) Mitarbeiter sowie (Klein)-Investoren bisher überwiegend Teil einer unorganisierten, unsichtbaren „Masse“ waren, die kaum einen nachhaltigen Einfluss auf Unternehmen ausüben konnte, können sich diese Stakeholder heute über das Internet in sozialen Netzen abstimmen sowie durch Beiträge in Blogs, Foren und Communities eine für Unternehmen kritische Haltung einnehmen. Hierdurch bietet sich für diese eine neue, nicht zu unterschätzende **Machtposition**, die die **Bedeutung bisheriger Meinungsbildner** in der Öffentlichkeit deutlich relativiert und **Meinungsbilder über Unternehmen und deren Leistungen** nachhaltig zu ändern vermag. Bis heute wurden die (öffentlichen) Meinungen primär durch Darstellungen in den durch (professionelle) Meinungsbildner geführten Diskussionen in (Massen-)Medien geprägt. Es dominierten die Stimmen der (vermeintlichen) Experten. Über die höhere Verbreitung und aktive Nutzung von Online-Medien wird es zukünftig nicht nur bisherigen Experten schwerer fallen, ihre Meinungsmonopole zu vermitteln, sondern es wird sich eine viel größere Meinungsvielfalt abzeichnen (vgl. Kreutzer und Merkle 2008, S. 153).

Das Motiv des **Auslebens eigener Kreativität** kann sich zum einen auf die Weiterentwicklung von Leistungen Dritter beziehen. Hierzu zählen bspw. die Mitwirkung bei der Entwicklung von *Lego*-Bausteinen sowie die Beantwortung komplexer Forschungsfragen, die bspw. bei *innocentive.com* von Unternehmen wie *Novartis*, *Dupont* und *Procter & Gamble* präsentiert werden. Teilweise können hierbei auch kommerzielle Motive eine Rolle spielen, wenn kreative Leistungen von den Unternehmen honoriert werden. Das Kreativitätsmotiv kann sich zum anderen auch auf das Design von Drittleistungen beziehen, die der Kunde selbst erwerben möchte. Dies ist bei den Konzepten von *spreadshirt.de* oder von *mymuesli.de* der Fall. Das Einbringen der eigenen Kreativität kann gleichzeitig auf das Motiv der **Eigenprofilierung** in der relevanten Bezugsgruppe einzahlen, wodurch die **Suche und Pflege von (virtuellen) Kontakten** unterstützt werden kann – für viele Nutzer das Hauptmotiv für das Engagement in den sozialen Medien.

Diese Analyse der **Treiber eines Internet-Engagements** der breiten Öffentlichkeit zeigt, dass diese Motive häufig miteinander verwoben sind. In jedem Falle ist es notwendig, dass sich Unternehmen der unterschiedlichen Bedürfnisse der relevanten Zielgruppen bewusst werden, wenn sie diese im Rahmen des Corporate Reputation Managements stärker ansprechen und/oder einbinden möchten. Hierzu bedarf es der entsprechenden **Empathie**, die sich in diesem konkreten Fall als **Perspektiven- und Erwartungs-Flexibilität** konkretisieren muss, um für die Empfänger relevante Botschaften zu präsentieren.

3 Ziele und Vorgehenskonzept eines unternehmerischen Engagements in den sozialen Medien

Diese Einschränkungen und Rahmenbedingungen sind zu berücksichtigen, wenn über die **Ziele eines Engagement in den sozialen Medien aus Unternehmenssicht** gesprochen wird. Die Social-Media-Ziele sind dabei konsequent aus den Unternehmenszielen abzuleiten (vgl. Kreutzer und Hinz 2010, S. 10–12):

- **Aufbau eines positiven Corporate Image und damit Förderung der Corporate Reputation**
  Eine Beteiligung in den sozialen Medien bietet die Möglichkeit, nicht nur für einzelne Marken, sondern auch für das gesamte Unternehmen ein positives Image aufzubauen und damit dessen Reputation insgesamt zu fördern (vgl. Schmiegelow und Milan 2010, S. 112 f.). Wenn Themen, Unternehmen oder Produkte auf den Social-Media-Plattformen Emotionen auslösen und die Menschen intensiv beschäftigen, können sich solche Entwicklungen schnell aufschaukeln – positiv wie negativ (vgl. Kroker und Engeser 2010). Durch das Zuhören und die aktive Beteiligung von Unternehmen in den sozialen Medien kann früh aus Problemen oder Krisen, die das Unternehmen betreffen, gelernt und im Positivfall PR-Katastrophen abgewendet werden (vgl. Chaney 2009, S. 199). Unternehmen können so – unter eigenem Namen – versuchen, aktiv negative Auffassungen zu bekämpfen und zu korrigieren. Sie können ebenso positive Ansichten verstärken und diejenigen „belohnen", die sich für die Marke engagieren (vgl. Chaney 2009). Bedienen sich dabei die CEOs oder Geschäftsführer der sozialen Medien, um mit den unterschiedlichen Stakeholdern via *Twitter* oder in durch Corporate Blogs zu kommunizieren, kann sich das im Idealfall positiv auf die Corporate Reputation auswirken. Auf diese Weise

R. T. Kreutzer, *Corporate Reputation Management in den sozialen Medien*, essentials, DOI 10.1007/978-3-658-06885-1_3

ließe sich die vielfach geforderte „menschliche Seite" von Unternehmen in der Kommunikation sichtbar machen (vgl. Wüst und Partner 2010, S. 16).

- **Gewinnung von Aufmerksamkeit für ein Unternehmen, seine Marken und/oder seine Angebote sowie Anstoß zur entsprechenden Beschäftigung**
  Interessante und regelmäßig aktualisierte Inhalte eines Unternehmens auf Social-Media-Plattformen sollen das Interesse der Stakeholder für dessen Angebote wecken. Werden zusätzlich Möglichkeiten zur Interaktion mit dem Unternehmen geboten, um bspw. eigene Inhalte zu präsentieren oder an Wettbewerben und Gewinnspielen teilzunehmen, führt dies idealerweise zum regelmäßigen Besuch dieser Plattformen, zu deren Weiterempfehlung und damit zu einer intensiven Nutzung. Durch die Veröffentlichung von weiterführenden Links zu anderen Social-Media-Plattformen des Unternehmens, zur Corporate Website, zu spezifischen Landing-Pages oder zum entsprechenden Online-Shop kann auch dort die Besuchsfrequenz erhöht werden. Gleichzeitig wirkt sich dieses Engagement idealerweise positiv auf das Image des Unternehmens aus.
- **Steigerung von Markenbekanntheit und Aufbau des Markenimages**
  Beziehungen zu Marken werden heutzutage – neben werblichen Impulsen, den Erfahrungen am Online- oder Offline-POS sowie durch den Gebrauch selbst – zunehmend durch das **Markenerlebnis in den sozialen Medien** aufgebaut (vgl. Hermes 2010, S. 26). Ein ehrlicher und konstruktiver Austausch zwischen Unternehmen und Kunden sowie zwischen diesen selbst wirkt sich idealerweise positiv auf Bekanntheit und Reputation einer Marke aus. Durch positive Mundpropaganda kann Interesse bei anderen Nutzern geweckt, Aufmerksamkeit erregt und der Bekanntheitsgrad des Angebots erhöht werden. Die sozialen Medien eignen sich besonders gut für das virale Marketing i. S. einer **Online-Mundpropaganda** (vgl. weiterführend Kreutzer 2012, S. 429–436). Über die sozialen Medien können durch die Kommunikation von Nutzer-zu-Nutzer Inhalte besonders glaubwürdig viral verbreitet werden. Empfehlungen und Links, die von Freunden und Bekannten innerhalb der Netzwerke weitergeleitet werden, gelten als besonders vertrauenswürdig. Ihnen ist deshalb eine große Bedeutung beizumessen (vgl. Mühlenbeck und Skibicki 2008, S. 99). Eine solche virale Verbreitung erfolgt jedoch nicht nur zwischen Freunden, sondern häufig auch unter unbekannten Dritten, ohne wesentlich an Glaubwürdigkeit zu verlieren (vgl. Kreutzer 2010, S. 393).
- **Gewinnung von Neukunden und Aufbau langfristiger Beziehungen zu Kunden**
  Über die sozialen Medien kann das Unternehmen mit Interessenten und Kunden in einen direkten Kontakt treten. So eröffnen sich neue **Dialog-Möglichkeiten**

weit über einen reinen Reklamationskanal hinaus, von denen sowohl Unternehmen als auch Interessenten und Kunden profitieren können (vgl. Stanoevska-Slabeva 2008, S. 27). Ebenso kann ein persönlicher, direkter **Kundenservice** angeboten werden, dessen Inanspruchnahme gleichzeitig für alle anderen Nutzer sichtbar ist und eine zusätzliche Kundennähe aufbaut (vgl. Meerman Scott 2007, S. 38 f.). Laut dem **Social Brand Value Ranking** von *Vivaldi Partners*, der *Hyve AG* und der *Universität Innsbruck* werden inzwischen im Durchschnitt 15 % der Markenloyalität durch soziale Interaktion zwischen den Konsumenten in Gemeinschaften aufgebaut. Durch ein Engagement in den sozialen Medien kann folglich der durch Interaktion entstehende **soziale Markenwert** gestärkt werden. Für Marken reicht es nicht mehr aus, nur einen hohen monetären Markenwert zu haben; sie müssen auch einen hohen sozialen Markenwert durch die Communities erzielen (vgl. o. V. 2009a, S. 54). Ein hoher sozialer Markenwert strahlt wiederum auf den monetären Wert der Marke ab.

Eine Leitidee für den Aufbau des sozialen Markenwerts stellt die Aussage dar, dass man Kunden an ein Unternehmen oder eine Marke am besten dadurch bindet, indem man die Kunden untereinander verbindet (vgl. Mühlenbeck und Skibicki 2008, S. 93). Solche **Branded Communities** können die Loyalität zur Marke verstärken und das Image im Idealfall positiv prägen (vgl. Rösger et al. 2008, S. 104 f.). Im besten Fall definieren sich diese Gemeinschaften über die Eigenschaften der Marke und verinnerlichen deren Werte. Dazu können Unternehmen durch die Bereitstellung entsprechender Inhalte beitragen. Interessant ist, dass bereits ca. 25 % der *Google*-Suchergebnisse zu den 20 bekanntesten Marken auf Inhalte verweisen, die von Nutzern erstellt worden sind (vgl. Hermes 2010, S. 27 f.).

- **Nutzung der „Schwarmintelligenz" für das Innovations-Management**
  Unternehmen können die Schwarmintelligenz bzw. die kollektive Intelligenz von Interessenten und Kunden mit Hilfe der sozialen Medien in den Innovationsprozess von Produkten und/oder Dienstleistungen einbinden (vgl. Kreutzer 2010, S. 208–222; Li und Bernoff 2009, S. 67). Durch Kreativwettbewerbe kann das Potenzial zur Mitwirkung angesprochen werden. Rückmeldungen aus dem Kreis der Interessenten und Nutzer liefern häufig wertvolle Anregungen, um Weiterentwicklungen des eigenen Angebots, von Produktnamen und/oder Werbeinhalten vorzunehmen (vgl. Mühlenbeck und Skibicki 2008, S. 19). Der Dialog zwischen Unternehmen und Internet-Nutzern sowie zwischen Interessenten und Kunden selbst ermöglicht es dem Unternehmen, Erkenntnisse über deren Bedürfnisse, Wünsche und Erwartungen aus erster Hand zu gewinnen (vgl. Rösger, Herrmann und Heitmann 2008, S. 100). Wichtig ist dabei:

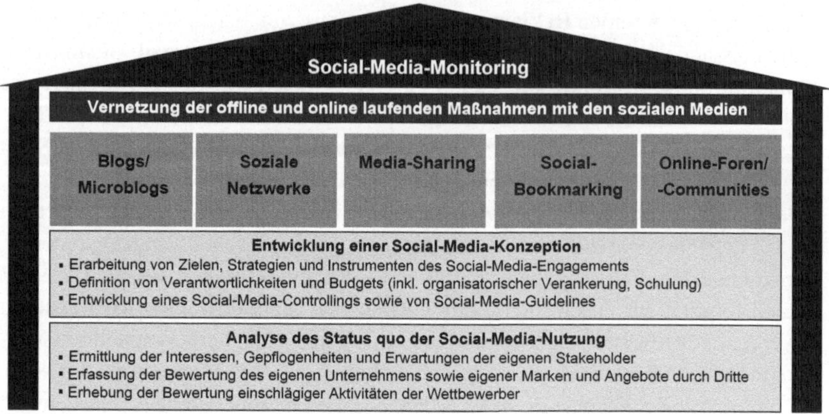

Abb. 3.1 Social-Media-Haus – Prozess zur Integration der sozialen Medien in das Corporate Reputation Management

Man muss nur zuhören!

- **Informieren der eigenen(zukünftigen) Mitarbeiter über die Aktivitäten des Unternehmens**
  Die sozialen Medien können auch eingebunden werden, um die eigenen Mitarbeiter über die Visionen, Werte, Ziele, Strategien sowie über laufenden Kampagnen und Events zu informieren. Der Einsatz von Blogs, Wikis, aber auch der sozialen Netzwerke selbst kann einen wichtigen Beitrag zur Informationsversorgung von „oben nach unten", aber auch von „unten nach oben" sowie zwischen verschiedenen Bereichen und Abteilungen – auch über Ländergrenzen hinweg – leisten. Damit werden die sozialen Medien zu einem wichtigen Baustein des unternehmensinternen Wissensmanagements (vgl. weiterführend Kreutzer 2010, S. 416–453).

Damit ein Engagement in den sozialen Medien nicht zum Strohfeuer wird, hat jedes Unternehmen vor dem Einstieg eine Strategie für die Nutzung der sozialen Medien im Zuge des Corporate Reputation Managements zu erarbeiten. Dies beinhaltet auch die Bereitstellung der erforderlichen finanziellen und personellen Ressourcen. Den grundsätzlichen **Ablauf zur Erschließung der sozialen Medien für ein Unternehmen** generell zeigt das **Social-Media-Haus** in Abb. 3.1. Voraussetzung für jegliche Maßnahmen ist zunächst eine umfassende **Analyse des Status quo der Nutzung der sozialen Medien** durch die relevanten Stakeholder sowie die einschlägigen Wettbewerber. Darauf basierend kann eine **Social-Media-Konzeption** erarbeitet werden. Ganz entscheidend ist dabei die Frage, ob das eigene

Unternehmen genug **Substanz** bietet, um attraktive und damit für die unterschiedlichen Stakeholder relevante Inhalte zu liefern. Ohne überzeugende Substanz wird kein Social-Media-Engagement gelingen. Folglich gilt: „Content is king!" – und nicht alleine die erreichte Reichweite. Letztere ist nur die notwendige Bedingung für eine erfolgreiche Kommunikation, aber alleine nicht ausreichend, damit die Online-Nutzer „am Ball bleiben" und das Corporate Image nachhaltig positiv zu prüfen (vgl. weiterführend Kreutzer 2012, S. 329–428).

Bei der Entwicklung und insb. bei der Umsetzung einer Social-Media-Konzeption (inkl. der organisatorischen Verankerung sowie der Schulung der Mitarbeiter) ist darauf zu achten, dass es nicht nur zu einer zielgruppenorientierten **Vernetzung der einzelnen sozialen Medien** kommt, sondern auch zur einer **Vernetzung mit den weiteren kommunikativen Maßnahmen** des Unternehmens. Nur dadurch kann ein in sich schlüssiger Gesamtauftritt des Unternehmens erzielt werden, der für den Aufbau einer überzeugenden Corporate Reputation unverzichtbar ist. Das gesamt Social-Media-Engagement ist in ein umfassendes **Social-Media-Monitoring** einzubinden, um die – erwünschten und unerwünschten – Ergebnisse frühzeitig und umfassend zu ermitteln. Welche Fehler dabei vermieden werden sollten, zeigt der folgende Abschnitt.

4 Nutzbarmachung der sozialen Medien für das Corporate Reputation Management

Wie anhand der aufgezeigten Möglichkeiten der sozialen Medien deutlich wurde, stellen diese für Unternehmen eine besondere Herausforderung dar. „Die Social Software des Web 2.0 ist ein Angriff auf die etablierten Regeln der Macht und erzwingt ein grundlegendes Umdenken" (Stüber 2010). Die Nutzungsintensität der sozialen Medien ist heute teilweise schon sehr hoch und steigt kontinuierlich weiter an. Seit 2010 verbringt der durchschnittliche Internet-Nutzer in vielen Ländern schon mehr Zeit in den sozialen Medien als mit *Google* und der E-Mail-Kommunikation (vgl. Kroker 2010, S. 90). Gleichzeitig fehlen in vielen Unternehmen noch die **Konzepte für das Corporate Reputation Management** auf diesen Plattformen. In einer Studie des *Brand Science Institutes* mit mehr als 40 bekannten Marken, in der 1000 Befragungen von Konsumenten und Mitarbeitern ausgewertet wurden, stellte sich heraus, dass 75 % der Unternehmen große **Schwächen bei der Planung, Ausführung und Betreuung von Social-Media-Aktivitäten** aufweisen, weil sie die Verantwortlichkeiten nicht definiert und ein mangelndes Verständnis über die Wirkungsweise haben. Ein großer Fehler ist auch, dass häufig nicht berücksichtigt wird, dass ein Engagement in den sozialen Medien langfristig auszurichten ist, um die angestrebten Wirkungen zu erzielen (vgl. o. V. 2009b).

Auch beim Corporate Reputation Management gilt wie bei Social-Media-Marketing, dass ein **Dialog auf Augenhöhe** anzustreben ist. Überzeugt das unternehmerische Engagement in den sozialen Medien nicht, kann dies zu einem sogenannten **Backlash** (Englisch für „Gegenreaktion") und damit verbunden zu einer Verschlechterung der Akzeptanz von Marken, Angeboten und/oder des Unternehmens insgesamt führen (vgl. Godau und Ripanti 2008, S. 48). Passen sich die Unternehmen den veränderten Bedingungen und Regeln der sozialen Medien nicht an,

R. T. Kreutzer, *Corporate Reputation Management in den sozialen Medien*,
essentials, DOI 10.1007/978-3-658-06885-1_4

besteht ein hohes Scheiterrisiko. Denn die Unternehmen müssen sich über eines im Klaren sein:

Die Regeln innerhalb der sozialen Medien werden von Nutzern definiert, überwacht und ggf. auch weiterentwickelt. Unternehmen können hier – auf Augenhöhe mit ihren Kunden – lediglich Beiträge leisten und Impulse setzen. Einen Durchgriff, um die Spielregeln in ihrem Sinne zu gestalten, haben sie nicht.

Viele Unternehmen schrecken deshalb vor einer Nutzung der sozialen Medien zurück, weil sie Angst vor einem **Kontrollverlust** bzgl. ihrer Leistungen haben (vgl. Mühlenbeck und Skibicki 2008, S. 19). Es muss ehrlicherweise zugestanden werden, dass die Unternehmen diese Kontrolle durch die vielfältigen Möglichkeiten des Web 2.0 schon lange verloren haben. Folglich geht es „lediglich" darum, den Kontrollverlust partiell zu kompensieren und/oder zu moderieren, um nicht ganz aus dem **Spiel der sozialen Medien** ausgeschlossen zu werden. Dies ist für Unternehmen unverzichtbar, die für die Öffentlichkeit, ihre Interessenten, Kunden und weitere Stakeholder eine große Bedeutung erlangt haben. Denn durch die **Reichweite der sozialen Medien** können sich negative Aussagen oder Skandale schneller verbreiten und das Image langfristig schädigen (vgl. Burmann 2010, S. 104). Das Mindest-Engagement von Unternehmen in den sozialen Medien stellt folglich ein **Monitoring** der dort ausgetauschten Botschaften dar, um zu sehen, wie Unternehmen, Angebote und Marken besprochen und dargestellt werden. Unterbleibt eine solche Überwachung, können auch keine Gegenmaßnahmen zeitnah und in den relevanten Medien initiiert werden.

Dies stellt für Unternehmen eine besondere Herausforderung dar, weil der **Schwarm der Nutzer** seine Meinungen, Empfehlungen und/oder Verhaltensweisen schnell ändert und viral verbreiten kann, um Dritte entsprechend zu „infizieren". Diese **Instabilität der Meinung** macht das Agieren in den sozialen Medien für Unternehmen oft schwierig (vgl. Li und Bernoff 2009, S. 19). Außerdem lassen sich online verbreitete Informationen kaum aus dem Internet entfernen. Folglich werden Krisen, wenn das Unternehmen nicht frühzeitig genug und adäquat reagiert, nicht nur viel schneller, sondern auch nachhaltiger verbreitet als es offline möglich wäre. Eine umgehende Reaktion des Unternehmens auf negative Kommentare ist unverzichtbar, um die Verbreitung und Negativaufladung der Marke zu verhindern. Dabei gilt es grds., den Dialog innerhalb der sozialen Medien dort aufzunehmen, wo auch die Negativmeldungen zirkulieren. Hier müssen die Unternehmen fast zwingend der **Nutzer-Gemeinschaft folgen** – und nicht auf die Kommunikation in einem Medium wechseln, welches den Unternehmen u. U. „mehr liegt" (bspw. klassische Pressemitteilungen oder Pressekonferenzen). Dadurch wird nachvollziehbar, was mit der Aussage „Dialog auf Augenhöhe" gemeint ist. Grundsätzlich gilt:

Ein Unternehmen hat kaum Möglichkeiten, sein Erscheinungsbild in den sozialen Medien umfassend selbst zu steuern.

Dabei ist auch zu berücksichtigen:

Ein Unternehmen kann auf ein Online-Reputation-Management verzichten – nicht jedoch auf eine Online-Reputation. Die Frage ist nur, ob letztere vom Unternehmen maßgeblich beeinflusst wird und die gewünschten Inhalte aufweist, oder ob das Unternehmen von Nutzern „getrieben" wird.

Welche **Risiken** für Unternehmen mit einem ungeordneten Einstieg in ein Social-Media-Engagement verbunden sein können, zeigen die vielen Treffer, die beim Suchbegriff **Social Media Fails** bei *Google* ausgewiesen werden (Mitte 2011 ca. 235 Mio. Treffer). Deshalb sollten die Mechanismen der sozialen Medien beachtet werden, wenn zu große Abweichungen zwischen der angestrebten Corporate Identity und dem tatsächlichen Corporate Image auftreten. Die wichtigsten **Misserfolgsfaktoren beim Einsatz der sozialen Medien**, die es zu vermeiden gilt, werden nachfolgend aufgezeigt. Sie sind abgeleitet aus einer systematischen Auswertung einer Vielzahl von Social-Media-Fails:

- **Verzicht auf eine selbstkritische Analyse des Status quo i. S. einer Reputations-Analyse**
  Unternehmen waren teilweise erstaunt über die **Aggressivität der Reaktionen**, die ein erstmaliges Engagement in Blogs oder in sozialen Netzwerken zur Folge hatte. Hier war im Unternehmen – oder bei den verantwortlichen Führungskräften – nicht bekannt, in welchem Ausmaß **Unzufriedenheit in der eigenen Klientel** vorherrschte, die jetzt erstmals ein auch für das Unternehmen spürbares Ventil gefunden hat. Sich auf diese Weise seinen bisherigen „blinden Flecken" bewusst zu werden, kann besonders schmerzhaft sein. Um diesen systematisch auf den Grund zu gehen, kann das bereits beschriebene Web-Monitoring bzw. ein Mystery-Marketing-Research wichtige Informationen liefern (vgl. zu Letzterem Kreutzer 2010, S. 110–112). In Summe geht es darum, vor dem Start eines entsprechenden Engagements die (Online-)Corporate Reputation zu erfassen.
- **Verzicht auf eine Online-Response bei einem Online-Angriff**
  Teilweise versuchen Unternehmen, die über Online-Medien angegriffen werden, sich durch den Einsatz der klassischen (und vertrauten) Offline-Medien zu rechtfertigen und zu wehren. Hierbei wird vernachlässigt, dass man die Verursacher entsprechender Attacken durch diese Medien oft gar nicht erreicht und den Angreifern damit einen Aktionsraum gewährt, in dem das betroffene Unternehmen selbst nicht agiert. Deshalb müssen die Unternehmen fast zwingend die durch die Kritiker definierten **Kommunikationskanäle** akzeptieren, auch wenn diese für das Unternehmen weniger vertraut sind. Wenn ein negatives

Video auf *YouTube* gepostet und dieses über *Twitter* und *Facebook* weiter kommuniziert wurde, dann ist ein Engagement des Unternehmens in diesen drei Medien gefordert, um die Empfänger der Negativmeldung zu erreichen.

- **Nutzung langwieriger rechtlicher Abwehrinstrumente auf Online-Attacken**
  Die Nutzung rechtlicher Mittel gegenüber – aus Sicht des Unternehmens – ungerechtfertigter Angriffe ist oft wenig zielführend. Zum ersten lassen sich die hinter „unliebsamen oder unrichtigen" Äußerungen stehenden Personen nicht einfach ausfindig machen. Zum zweiten ist der **Rechtsweg** häufig so langwierig, dass die Attacke im Zweifel schon ausgelaufen ist und ihre nachhaltig schädigende Wirkung erzielt hat, bevor angestrebte Urteile gefällt sind. Zum dritten führt eine gerichtliche Auseinandersetzung oft erst dazu, dass viele weitere Medien und Nutzer auf eine solche Auseinandersetzung aufmerksam werden. Vielfach reicht dazu eine Abmahnung oder die Ankündigung einer Klage bereits aus (vgl. Beispiele bei Kreutzer und Hinz 2010).
- **Unternehmensgesteuerter Missbrauch von Bewertungsplattformen**
  Auch wenn es vielen Unternehmen verführerisch erscheint, die eigenen Leistungen auf den diversen Bewertungsplattformen anzupreisen, ist vor dieser Art der Manipulation zu warnen. Es gibt genügend Internet-Nutzer, die sich darüber profilieren wollen, dass sie genau solche **Manipulationen** identifizieren und u. a. in einschlägigen Blogs für alle einsehbar machen. Das heißt konkret: Die Aufforderung, nur gute Bewertungen auszusprechen und schlechte Bewertungen als wenig hilfreich einstufen zu lassen, sollte unterbleiben. Zufriedene Kunden dagegen zu motivieren, ihre Einschätzungen auf solchen Plattformen kundzutun, kann dagegen keinem Unternehmen übel genommen werden.
- **Platzierung bezahlter PR-Beiträge in einschlägigen Communities, Foren und Blogs**
  Leichter, als dies in den klassischen Medien der Fall ist, können Internet-Nutzer manipulierte, bezahlte oder bewusst unter anderer Identität eingefügte Beiträge in Communities, Foren und Blogs identifizieren. Ein entsprechendes Vorgehen der *Deutschen Bahn*, mit dem die Privatisierung durch entsprechend positive Beiträge in Zeitungen, Leserbriefen und Blogeinträgen (bspw. auf *Spiegel-Online*) unterstützt werden sollte, wurde 2009 aufgedeckt und hatte die Entlassung der verantwortlichen Mitarbeiter zur Folge (vgl. Jensen und Ahmia 2009; Bauchmüller 2009).
- **Großer Zeitverzug zwischen „Angriff" und „Gegenangriff"**
  Dass das Internet ein schnelles Medium ist, in dem sich Botschaften durch virale Effekte besonders schnell verbreiten, müsste eigentlich nicht gesondert erwähnt werden. Allerdings reagieren Unternehmen auf Angriffe im Netz noch zu

häufig mit **großem Zeitverzug**. Je länger ungerechtfertigte oder auch gerechtfertigte Kritik im Internet zu finden ist, auf die ein Unternehmen nicht reagiert, desto größer und nachhaltiger können die Imagebeeinträchtigungen sein. Es gilt auch hier:
Man kann nicht nicht kommunizieren! (*Paul Watzlawick*)
Das bedeutet, dass auch ein Schweigen des Unternehmens ein Statement darstellt, das wiederum umfassend (negativ) kommentiert werden kann.

- **Keine wertschätzende Reaktion auf Online-Kommentare**
  Auch wenn Unternehmen viele Online-Statements und -Beiträge inhaltlich und formal zu kritisieren haben – sie sollten ihre Kritiker immer ernst nehmen und wertschätzend auf deren Aussagen reagieren (auch wenn es manchmal schwerfallen dürfte). Eine arrogante, ironische oder zu belehrende Ansprache kann ein **kommunikatives Desaster** zur Folge haben. Dabei kann auch eine Nicht-Reaktion auf eine „polemische Anmache" besser sein; hier muss aber genau überprüft werden, in welche Richtung sich die kommunikative Welle bewegt und ob zu befürchten ist, dass eine länger anhaltende **Themenkarriere** im Internet zu erwarten ist. In welchen Fällen eine Reaktion erfolgen sollte, ist natürlich auch von der Bedeutung des Kommunikators abhängig. Ist dies eine unbekannte, kaum vernetzte Person, kann ein Schweigen eher angemessen sein, als wenn ein aktiver, umfassend anerkannter Blogger, der über eine intensive Vernetzung verfügt, eine kritische Stellungnahme abgibt. Allerdings ist hierfür der Vernetzungsgrad der Kritiker zu ermitteln.
- **Ungeprüfte Übernahme von Content aus anderen Quellen**
  Um ihre Website aktuell und dynamisch zu gestalten, haben Unternehmen teilweise Inhalte (etwa *Twitter*-Tweets), die den Namen des eigenen Unternehmens oder der eigenen Produkte und Dienstleistungen enthielten, (ungefiltert) zur Anzeige auf die eigene Homepage übernommen. Dies birgt natürlich hohe Risiken. Möchten Gegner oder „Spassvögel" diese Mechanik unterlaufen, dann brauchen sie nur entsprechende Inhalte mit den relevanten Namen zu platzieren, um auf der Unternehmens-Homepage zu erscheinen. Der Kreativität, wie solche Meldungen ausfallen können, sind keine Grenzen gesetzt!
- **Verwendung von unhaltbaren und/oder eindeutig widerlegbaren Aussagen in der Unternehmenskommunikation**
  Eigentlich stellt es eine Selbstverständlichkeit dar, auf unwahre Aussagen in der Unternehmenskommunikation zu verzichten. Während derartige Aussagen in der Vergangenheit vielfach unkommentiert blieben, weil keine schlagkräftigen Medien verfügbar waren, steht jenen heute die bereits angesprochene Schwarmintelligenz mit einer Vielzahl von Medien gegenüber. Internet-Nutzer suchen teilweise systematisch nach Gegenbeispielen zu offiziellen Unterneh-

mensstatements und decken bspw. auf, welche Unternehmen nur Greenwashing betreiben, statt sich der gesellschaftlichen Verantwortung tatsächlich zu stellen. **Greenwashing** bedeutet, dass sich Unternehmen in der Öffentlichkeit um das Image eines umweltbewussten Unternehmens bemühen, ohne dies durch entsprechende Aktivitäten zu unterlegen. Die Studie von Wüst & Partner (2010, S. 19–21) weist explizit auf diese gravierende Gefahrenquelle hin.
Besonders dramatisch wird ein solches Verhalten dann, wenn – wie bereits geschehen – entsprechende *Facebook*-Gruppen zu solchen Kampagnen „geentert" werden und auf den Widerspruch zwischen Sagen und Tun hingewiesen wird. Teilweise werden auch Websites aufgebaut, die ein **Negative Campaigning** betreiben, welches umgangssprachlich auch als „mud-slinging" (zu Deutsch „Schlammschlacht") bezeichnet wird. Darunter versteht man im Allgemeinen den Versuch, eine Überlegenheit gegenüber Wettbewerbern durch die Kommunikation von negativen Beiträgen über diese zu erreichen. Im Social-Media-Kontext kann das Negative Campaigning bspw. von nicht-kommerziellen Organisationen wie *Greenpeace* genutzt werden, um Verfehlungen der Unternehmen gegen eigene Corporate Values und Verhaltenskodizes zu kommunizieren. Hierdurch sollen die betroffenen Unternehmen zur Kurskorrektur ihrer Verhaltensweisen motiviert bzw. gezwungen und andere Unternehmen von „Fehlverhalten" abgehalten werden.

- **Unzureichende Integration der unterschiedlichen Social-Media-Engagements**
  Die Internet-Nutzer sind häufig parallel auf unterschiedlichen sozialen Medien aktiv – und erwarten dies häufig auch von ihren „Unternehmenspartnern". Deshalb sollte das Social-Media-Engagement systematisch auf Integration ausgerichtet sein. So kann bspw. eine *Facebook*-Seite mit dem *Twitter*-Konto verbunden werden, um eigene Tweets zu kommunizieren. Weist der Corporate Blog und/oder die eigene Website Buttons der Social-Bookmarking-Plattformen auf, so können die entsprechenden Inhalte gewertet und über die Plattformen – im Idealfall – weiterempfohlen werden. Videos auf *YouTube* können in Blogs, auf *Facebook*-Seiten und auf der eigenen Website integriert werden.

Eine entscheidende Voraussetzung, um sich gegen Maßnahmen zu schützen bzw. auf diese angemessen zu reagieren, ist, dass das Unternehmen frühzeitig erfährt, wenn negative Propagandawellen starten. Deshalb sind durch das bereits angesprochene **Web-Monitoring** oder auch **Online-Trendmonitoring** die relevanten Foren, Blogs, Communities etc. auf Stichworte wie Abzocke, Boykott, PR-Lüge etc. in Verbindung mit den eigenen Unternehmens- und/oder Markennamen zu untersuchen. Wenn negative Gerüchte im Netz auftauchen oder Produkte und Dienstleistungen auf Bewertungsplattformen extrem schlecht dargestellt werden, sollten Unternehmen früh über diese informiert sein, um angemessen reagieren zu können. Denn eines ist sicher:

Das Internet ist der Turbo für negative PR.

5 Ausblick

Wie anhand der Ausführungen deutlich wurde, setzt die **Einbindung der sozialen Medien in das Corporate Reputation Management** eine Transparenz über die Wirkungsmechanismen sozialer Medien voraus. Nur dann kann eine zielorientierte Einbindung der sozialen Medien und eine angemessene Reaktion auf die dort laufenden Kommunikationsprozesse sichergestellt werden. Welche Aufgaben Unternehmen beim Corporate Reputation Management zu bewältigen haben, unterstreicht eine Studie von *Ernst & Young*. Hierzu wurden im Mai 2011 1000 Personen in Deutschland im Zuge einer repräsentativen Telefonbefragung interviewt (vgl. Ernst & Young 2011, S. 2). Abbildung 5.1 zeigt die **Erwartungen der Deutschen an Unternehmen**, die sich insb. auf drei Leistungen konzentrieren: die „Schaffung von Arbeitsplätzen", ein „nachhaltiges Wirtschaften" und „Innovationen". Während auch „ethisches Handeln", „soziales Engagement" sowie die „Förderung von Frauen" unter den Top-9-Antworten zu finden sind, findet sich wieder die „Gewinnerzielung" noch die „Gewinnung und Bindung von Kunden" unter den genannten Erwartungen. Damit wird sichtbar, dass in Deutschland kein umfassendes Bewusstsein dafür existiert, dass die im Wettbewerb stehenden Unternehmen zur Erfüllung der genannten Erwartungen zunächst einmal Leistungen erbringen müssen, mit denen sie im Wettbewerb Kunden gewinnen und profitabel bedienen können. Alle genannten Erwartungen der Deutschen müssen in Übereinstimmung mit der Kunden- und Gewinnerzielung gebracht werden. Die Änderung der entsprechenden Erwartungshaltungen der Deutschen ist eine Kernleistung, die im Rahmen des Corporate Reputation Management zu erbringen ist.

Volkswagen/Audi führt in der Umfrage bei 7 von 9 Erwartungen die Liste der genannten Unternehmen an, die die Erwartungen besonders gut erfüllen. *Siemens*, *Daimler* und *BMW* werden mit deutlichem Abstand auf den nächsten Rängen ge-

R. T. Kreutzer, *Corporate Reputation Management in den sozialen Medien*,
essentials, DOI 10.1007/978-3-658-06885-1_5

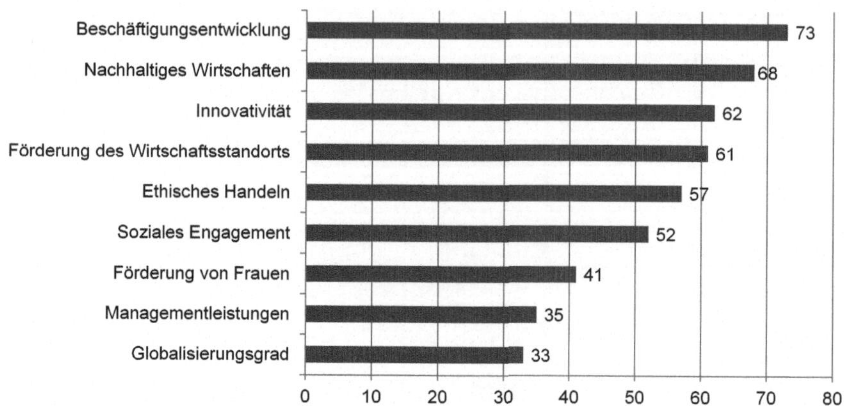

Abb. 5.1 Was die Deutschen von einheimischen Unternehmen erwarten? – Anteil der Befragten, denen dieser Aspekt bei der Beurteilung eines Unternehmens sehr wichtig ist – in %. (Ernst & Young 2011, S. 4)

führt. Dabei werden die Erwartungen, „Arbeitsplätze zu schaffen", „innovativ zu sein" und „einen positiven Beitrag zur Entwicklung des Wirtschaftsstandorts Deutschland zu leisten", von relativ vielen Unternehmen erfüllt. Eine deutlich geringe Bedeutung wird der „Förderung von Frauen in Führungspositionen" beigemessen. Unternehmen mit Vorbildfunktion sind hier in den Augen der Befragten die *Deutsche Telekom*, gefolgt von *Siemens* und der *Deutschen Bank*. Bei den Kriterien „nachhaltiges Wirtschaften" sowie „soziales Engagement", die für 68 bzw. 66 % der Befragten „sehr wichtig" sind, fallen nur zwei von drei Befragten entsprechende Unternehmen ein. Aufgrund der vielen Aktivitäten in den Bereichen Nachhaltigkeit und CSR wird deutlich, dass die Kommunikationsleistung der Unternehmen in diesen Punkten noch nicht überzeugen kann. Bzgl. der Erwartung „ethisches Handeln" können lediglich 36 % der Befragten spontan Unternehmen nennen, die sich besonders stark durch ein entsprechendes Engagement auszeichnen. Interessant ist dabei, dass die drei erstgenannten Unternehmen (hier *Siemens*, *Volkswagen/Audi* und *Deutsche Telekom*) sich in ihrer jüngsten Geschichte intensiv mit Vorwürfen eines „unethischen Verhaltens" konfrontiert sahen – in den Augen der Betrachter aber daraus gelernt haben (vgl. Ernst & Young 2011, S. 17 f.).

In welchem Ausmaß die **DAX30-Unternehmen** die Herausforderung der sozialen Medien in den letzten Jahren aufgenommen haben, zeigt eine vergleichende Studie. Diese hat die **Veränderungen der Social-Media-Aktivitäten** dieser Unternehmensgruppe zwischen 2009 und 2011 analysiert. Welche deutlichen Steigerungen in den sozialen Medien stattgefunden haben, zeigt Abb. 5.2. Insb. den

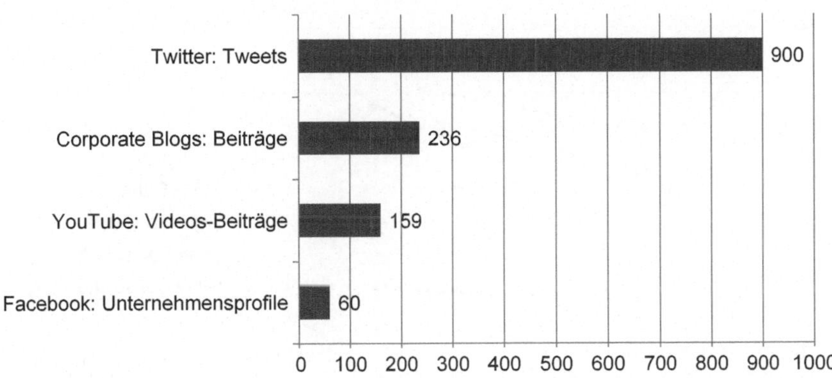

Abb. 5.2 Anstieg der Unternehmensaktivitäten von 2009–2011 in den sozialen Medien – in %. (Ernst & Young 2011)

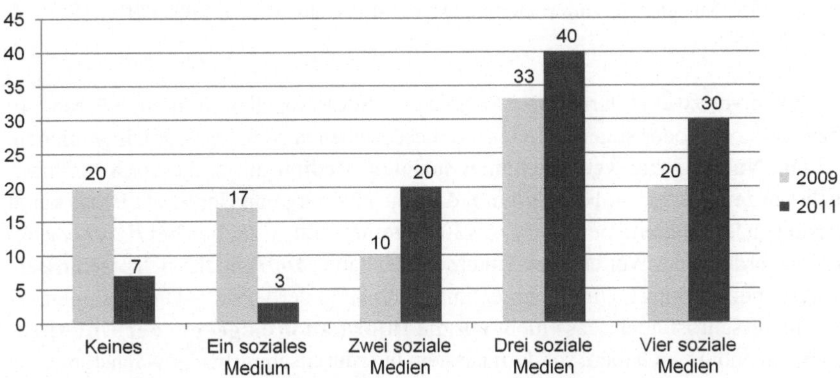

Abb. 5.3 Verteilung der DAX30-Unternehmen bzgl. der Anzahl der genutzten sozialen Medien – in %. (Ernst & Young 2011)

Kanal *Twitter* nutzen die Unternehmen jetzt viel stärker, gefolgt von einem Engagement in Corporate Blogs, bei *YouTube* und bei *Facebook*. Die Aktivitäten bei *Facebook* dienen in hohem Maße der Akquisition von neuen Mitarbeitern.

Die Studie zeigte allerdings auch, dass nur die Hälfte der Unternehmen ihre **Corporate Website** dazu nutzt, um teilweise oder vollständig auf das Social-Media-Engagement hinzuweisen. In Summe zeigt Abb. 5.3, dass die **Anzahl der eingebundenen sozialen Medien** deutlich zugenommen hat. Allerdings verzichten

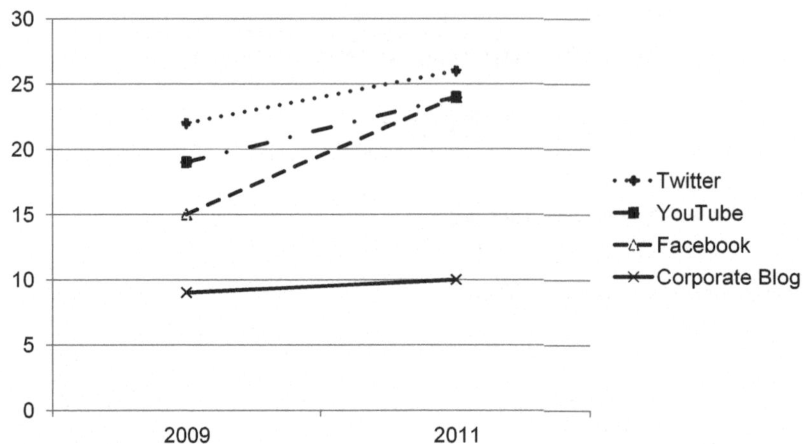

Abb. 5.4 Art und Anzahl der von den DAX30-Unternehmen eingebundenen sozialen Medien der Nutzung der Informationsangebote der Unternehmen 2009–2011. (Ernst & Young 2011)

nach wie vor zwei Unternehmen (7 %) ganz auf die sozialen Medien, während 40 bzw. 30 % drei oder sogar alle vier hier beschriebenen sozialen Medien einbinden.

Die **Nutzung der verschiedenen sozialen Medien** durch die DAX30-Unternehmen zeigt Abb. 5.4. Hier fällt auf, dass die Nutzung von Corporate Blogs kaum gestiegen ist, während neun der DAX30-Unternehmen zusätzlich bei *Facebook* aktiv geworden sind. Weitere fünf Unternehmen haben *YouTube* für sich erschlossen. *Twitter* nutzen mit 26 Unternehmen immerhin 87 % der DAX30-Unternehmen.

Interessant ist auch, dass nicht nur die **Informationsangebote der Unternehmen** zugenommen haben, sondern dass ein überdurchschnittliches Wachstum auch bei der **Nutzung der Informationsangebote** auf der Empfängerseite stattgefunden hat (vgl. Abb. 5.5). Hierbei fallen insb. die hohen Wachstumsraten bei der Anzahl der *Twitter*-Follower sowie der *Facebook*-Fans auf.

Jetzt gilt es, die installierten und von den Nutzern auch frequentierten Informationsangebote konsequent im Zuge des Corporate Reputation Managements zu nutzen. Auch wenn es dabei vielleicht auf den ersten Blick schwer zu akzeptieren ist: Die Kommunikation innerhalb der sozialen Netze als Bedrohung des eigenen Unternehmens anzusehen, ist nur eine Seite der Medaille. Die andere Seite besteht aus der frühzeitigen Information über Schwächen und Potenziale im Angebot, der Marke oder im Unternehmensauftritt generell. Mögliche Angriffe gehen häufig auch mit Anregungen einhergehen, wie ein solcher Mangel überwunden werden kann. Denn in den sozialen Medien sind auch die Fans der Unternehmen und Mar-

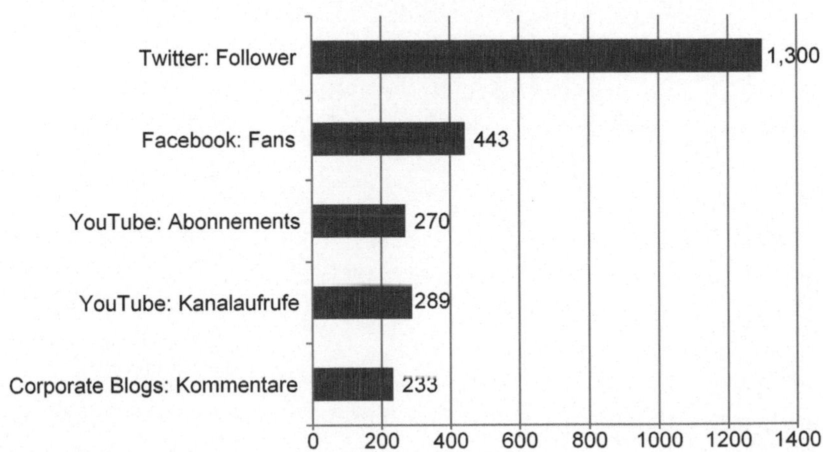

Abb. 5.5 Anstieg der Nutzung der Informationsangebote der Unternehmen von 2009–2011 in den sozialen Medien – in %. (Ernst & Young 2011)

ken aktiv, die teilweise nur darauf warten, von den Unternehmen „abgeholt" zu werden – sei es durch Befragungen oder die unterschiedlichsten Mitmach-Aktionen, um gemeinsam das Ansehen und die Bedeutung des Unternehmens und damit der Corporate Reputation zu verbessern.

Was Sie aus diesem Essential mitnehmen können

- Verschafft einen Überblick über die Veränderung des Differenzierungsgrades in Kommunikation und im Laufe der Zeit und im Zuge des Web 2.0.
- Zeigt, dass soziale Medien in die Unternehmenskommunikation mit klaren Ziel- und Strategie-Vorgaben eingebunden werden müssen und nicht als reiner Verkaufs-, Werbe- oder PR-Kanal missverstanden werden dürfen.
- Demonstriert, dass durch die Vernetzung der drei wichtigsten Nutzungsklassen der sozialen Medien (Kommunikation, Kooperation und Content-Sharing) komplexe Social-Media-Anwendungen als attraktive Kommunikationsplattformen für Unternehmen entstehen können.
- Erläutert die Machtverhältnisse und Regeln innerhalb der sozialen Netzwerke und schafft ein Verständnis dafür, dass Unternehmen dabei – auf Augenhöhe mit den Kunden – Beiträge leisten und Impulse setzen, jedoch nicht die Regeln bestimmen können.
- Verschafft ein Verständnis für soziale Netzwerke als Möglichkeit zur frühzeitigen Information über Stärken und Schwächen sowie Potenziale im Angebot, der Marke oder dem Unternehmensauftritt im generellen.

R. T. Kreutzer, *Corporate Reputation Management in den sozialen Medien*, essentials, DOI 10.1007/978-3-658-06885-1

Literatur

ARD/ZDF. 2013. Social Media, Nutzung von Web-2.0-Anwendungen 2007 bis 2013 in %. http://www.ard-zdf-onlinestudie.de/index.php?id=397. Zugegriffen: 11. Mai 2014.

Barnett, M. L., J. M. Jermier, und B. A. Lafferty. 2006. Corporate reputation: The definitional landscape. *Corporate Reputation Review* 9 (1/2006): 26–38.

Bauchmüller, M. 2009. PR-Skandal bei der Bahn, Alle reden vom Wetter. sueddeutsche.de/wirtschaft/pr-skandal-bei-der-bahn-alle-reden-vom-wetter-1. 466109. Zugegriffen: 28. Mai 2009.

Bruch, J. 2012. Aktives Corporate Reputation Management durch konsequentes Markenkontaktpunkt-Management – das Beispiel TeamBank. In *Corporate reputation management,* Hrsg. C. Wüst und R. T. Kreutzer, 329–340. Wiesbaden: Springer.

Burmann, C. 2010. Neue Art der Markenführung. In: absatzwirtschaft, Sonderausgabe zum Marken-Award, S. 104.

Busemann, K., und Gscheidle, C. 2012. Web 2.0: Habitualisierung der Social Communitys. *Media Perspektiven* 7–8:280–290 (ard-zdf-onlinestudie.de/fileadmin/Onlinestudie_2012/0708-2012_Busemann_Gscheidle.pdf)

Chaney, P. 2009. *The digital handshake – Seven proven strategies to grow your business using social media*. Hoboken: New Jersey.

Eck, K. 2011. Reputation 2.0: Glaubwürdig und erfolgreich in der Transparenzgesellschaft, Vortrag auf dem Online-Gipfel. Bonn, 16.3.2011

Ernst & Young. 2011. *Deutschlands Top-Unternehmen 2011: Erwartungen und Wirklichkeit, Verbraucherbefragung*. Stuttgart.

Forrester. 2009. Forrester Groundswell – Social Technographics Profile. forrester.com/Groundswell/profile_tool.html. Zugegriffen: 10. April 2010.

Forrester. 2010. Forrester Groundswell – Social Technographics Profile. forrester.com/empowered/ladder2010. Zugegriffen: 28. Dez. 2010.

Godau, M., und M. Ripanti 2008. *Online Communitys im Web 2.0- So funktionieren im Mitmachnetz Aufbau, Betrieb und Vermarktung*. Göttingen: BusinessVillage.

Gogoi, P. 2006. Wal-Mart vs. the Blogosphere (17.10.2006). businessweek.com/bwdaily/dnflash/content/oct2006/db20061018_445917.htm?chan=top+news_top+news+index_businessweek+exclusives. Zugegriffen: 20. April 2010.

Gotsi, M., und A. W. Wilson. 2001. Corporate reputation: seeking a definition. *Corporate Communications: An International Journal* 6 (1/2001): 24–30.

Hermes, O. 2010. Netzwerke und herrsche!. *Markenartikel* 4 (2010): 26–28.

R. T. Kreutzer, *Corporate Reputation Management in den sozialen Medien*, essentials, DOI 10.1007/978-3-658-06885-1

Jensen, A., und T. Ahmia. 2009. Bahn versucht sich in Schadensbegrenzung, PR-Chef entlassen. taz.de/1/zukunft/wirtschaft/artikel/1/pr-chef-entlassen/. Zugegriffen: 30. Mai 2010.

Kaplan, M., und M. Haenlein. 2010. Users of the world, unite! The challenges and opportunities of Social Media. *Business Horizons* 53:59–68.

Karle, R. 2010. Die Macht der vielen. *absatzwirtschaft Sonderheft* 2010:32–38.

Kreutzer, R. 2009. *Praxisorientiertes Dialog-Marketing, Konzepte – Instrumente – Fallstudien*. Wiesbaden: Springer.

Kreutzer, R. 2010. *Praxisorientiertes Marketing, Konzepte - Instrumente – Fallbeispiele*. 3. Aufl. Wiesbaden: Springer.

Kreutzer, R. 2012. *Praxisorientiertes online-marketing, Konzepte – Instrumente – Checklisten*. Wiesbaden: Springer.

Kreutzer, R., und W. Merkle, Hrsg. 2008a. *Die neue Macht des Marketing – Wie Sie Ihr Unternehmen durch Emotion, Innovation und Präzision profilieren*. Wiesbaden: Springer.

Kreutzer, R., und W. Merkle. 2008b. *Web 2.0- Welche Potenziale gilt es zu heben?* In *Die neue Macht des Marketing – Wie Sie Ihr Unternehmen durch Emotion, Innovation und Präzision profilieren,* Hrsg. R. Kreutzer und W. Merkle, 145–180. Wiesbaden: Springer.

Kreutzer, R., und J. Hinz 2010. Kritische Analyse der Möglichkeiten und Grenzen von Social Media Marketing – Ziele, Konzepte, Erfolgsfaktoren, Messkonzepte, Arbeitspapier Nr. 58 des IMB, Berlin.

Kroker, M. 2010. Kampf der Titanen. WirtschaftsWoche, 22.11.2010, S. 91–92.

Kroker, M., und M. Engeser. 2010. Wie Unternehmen auf Facebook & Co. um Kunden buhlen (14.05.2010). wiwo.de/management-erfolg/wie-unternehmen-auf-facebook-co-um-kunden-buhlen-429810/. Zugegriffen: 23. Mai 2010.

Li, C., und J. Bernoff. 2009. *Facebook, YouTube, Xing & Co. – Gewinnen mit Social Technologies*. München: Hanser.

Mayer-Uellner, R. 2010. Der Weg ins soziale Netz. *Markenartikel* 7 (2010): 16–18.

Meerman Scott, D. 2007. *The new rules of marketing und PR*. New Jersey: Hoboken.

Mühlenbeck, F., und K. Skibicki 2008. *Community Marketing Management – Wie man Online-Communities im Internet-Zeitalter des Web 2.0 zum Erfolg führt*. 2. Aufl. Norderstedt: Books on Demand.

Nielsen. 2013. Skepsis gegenüber Werbung nimmt in Deutschland ab (1.10.2013). nielsen.com/de/de/insights/presseseite/2013/skepsis-gegenueber-werbung-nimmt-in-deutschland-ab.html. Zugegriffen: 18. Mai 2014.

Nuneva, A. M. 2012. Corporate Reputation Management bei der Heidelberger Druckmaschinen AG. In *Corporate reputation management,* Hrsg. C. Wüst und R. T. Kreutzer, 299–327.

o. V. 2009a. Social Brand Value beeinflusst die Kundenloyalität. In: absatzwirtschaft, Sonderausgabe zum deutschen Marketing-Tag, S. 54.

o. V. 2009b. Wie Marketer Misserfolgsfaktoren im Social Web mindern können (27.10.2009). absatzwirtschaft.de/content/emarket/news/wie-marketer-misserfolgsfaktoren-im-social-web-mindern-koennen;69146. Zugegriffen: 20. Mai 2010.

Oetting, M. 2010. Ein Überblick: Paid, Curated, Owned and Earned Media. connectedmarketing.de/cm/2010/02/ein-ueberblick-paid-curated-owned-and-earned-media.html. Zugegriffen: 1. März 2011.

Raddatz, P. 2010. Erst der Anfang. *Markenartikel* 3 (2010): 26–27.

Roberts, P. W., und G. R. Dowling. 2002. Corporate reputation and sustained superior financial performance. *Strategic Management Journal* 23:1077–1093.

Rolke, L., und P. Djuga. 2011. *Die Relevanz von Social Media für die DAX30-Unternehmen, Ergebnisbericht eines Zeitvergleichs 2009 und 2011*. Mainz.

Rösger, J., A. Herrmann, und M. Heitmann 2008. Der Markenareal-Ansatz zur Steuerung von Brand Communities. In *Interactive Marketing im Web 2.0 +*, 2. Aufl., Hrsg. H. H. Bauer, D. Große-Leege, und J. Rösger, 93–112. München: Vahlen.

Safko, L., und D. K. Brake 2009. *The social media bible – tactics, tools & for business success*. Hoboken: Wiley.

Schmiegelow, A., und M. Milan 2010. Markenführung in sozialen Medien – Neue Wege zum Konsumentenherz. In *YouTube und seine Kinder: Wie Online-Video, Web TV und Social Media die Kommunikation von Marken, Medien und Menschen revolutionieren,* Hrsg. A. Beißwenger, 105–121. Baden-Baden.

Seemann, R. 2008. *Corporate reputation management durch corporate communications*. Göttingen: Cuvillier.

Stanoevska-Slabeva, K. 2008. Web 2.0- Grundlagen, Auswirkungen und zukünftige Trends. In *Web 2.0, Die nächste Generation Internet,* Hrsg. M. Meckel und K. Stanoevska-Slabeva, 13–38. Baden-Baden: Nomos.

Stüber, J. 2010. Die Lawine donnert bereits (23.04.2010). welt.de/die-welt/vermischtes/article7297786/Die-Lawine-donnert-bereits.html. Zugegriffen: 3. Juni 2010.

Weinberg, T. 2010. *Social media marketing – Strategien für Twitter*. Köln: Facebook & Co.

Wiedmann, K.-P. 2012. *Ansatzpunkte zur Messung der Unternehmensreputation als Grundlage einer Erfolg versprechenden Reputationsmanagementplanung – Das RepTrak-Konzept als Ausgangspunkt und Skizzen zur relevanten Weiterentwicklung*. In *Corporate reputation management,* Hrsg. C. Wüst und R. T. Kreutzer, 57–101. Wiesbaden: Springer.

Wiewer, V., und Anweiler, R. 2010. *Der Europäische Social Media und E-Mail Monitor – 6 Länder Studie zum digitalen Dialog mit Facebook, Twitter, E-Mail & Co., Ergebnisse Deutschland Teil 1*. München.

Wüst, C. 2012. Corporate Reputation Management – die kraftvolle Währung für Unternehmenserfolg. In *Corporate reputation management,* Hrsg. C. Wüst und R. T. Kreutzer, 3–56. Wiesbaden: Springer.

Wüst & Partner. 2010. *Geschäftsführungs- und Vorstandskommunikation*. Bonn.